走进"一带一路"丛书

浙江省社科联社科普及课题（19WT04）

黑海上的明珠
乌克兰

孔　琳 编著

Ukraine

浙江工商大学出版社
ZHEJIANG GONGSHANG UNIVERSITY PRESS

·杭州·

图书在版编目(CIP)数据

黑海上的明珠：乌克兰 / 孔琳编著. — 杭州：浙江工商大学出版社，2020.1

（走进"一带一路"）

ISBN 978-7-5178-3263-8

Ⅰ. ①黑… Ⅱ. ①孔… Ⅲ. ①乌克兰—概况 Ⅳ. ①K951.13

中国版本图书馆 CIP 数据核字(2019)第 112827 号

黑海上的明珠——乌克兰

HEIHAI SHANG DE MINGZHU——WUKELAN

孔 琳 编著

责任编辑	沈敏丽
封面设计	林朦朦
责任校对	何小玲
责任印制	包建辉
出版发行	浙江工商大学出版社
	（杭州市教工路 198 号　邮政编码 310012）
	（E-mail:zjgsupress@163.com）
	（网址:http://www.zjgsupress.com）
	电话:0571-88904980,88831806(传真)
排　　版	杭州朝曦图文设计有限公司
印　　刷	杭州高腾印务有限公司
开　　本	880mm×1230mm　1/32
印　　张	5.25
字　　数	123 千
版 印 次	2020 年 1 月第 1 版　2020 年 1 月第 1 次印刷
书　　号	ISBN 978-7-5178-3263-8
定　　价	49.80 元

‖ 目 录 ‖

开篇

"风和日丽的第聂伯河多么美妙，它那充沛的江水舒展地、平稳地流过森林，流过山峦。没有声息，没有喧嚣。望着望着却不知这琉璃般的浩渺的烟波是否在流动，犹如广袤无垠、源远流长的蔚蓝的明镜般的道路在绿色的世界里蜿蜒飞翔……"这是作家果戈理在《狄康卡近郊夜话》一书中所描写的乌克兰母亲河——第聂伯河的景象。果戈理对祖国、对母亲河深沉的爱，在笔墨之间生动地表现了出来。

说到乌克兰，了解它的人会联想到"欧洲的粮仓""苏联的面包篮子"这些称号，正是其草原地带肥沃多产的黑土地为乌克兰赢得了这些美誉。与此同时，这片肥沃的黑土地同样也是我们所熟知的《钢铁是怎样炼成的》的作者奥斯特洛夫斯基的故乡。

乌克兰是欧洲的一个年轻的国家，也是一个拥有悠久而复杂历史的国家。乌克兰位于欧洲东部，东北部与俄罗斯接壤，北邻白俄罗斯，南面是黑海和亚速海，西邻波兰、斯洛伐克、匈牙利、罗马尼亚和摩尔多瓦。接下来让我们一起走进这片美丽而富饶的黑土地。

上篇

风雨坎坷中走向独立的乌克兰

黑土地上最早的人烟

在今天的乌克兰境内,考古发现的最早的人类遗址可以追溯到大约 20 万年以前。克里米亚半岛南部、亚速海沿岸、第聂伯河石滩的上游地区、沃伦地区、日托米尔地区及其他一些地方,都曾有远古人类栖息居住的痕迹发现。在公元前 10 万年至公元前 4 万年间,这片土地上的人数明显增加。克里米亚、第聂伯河沿岸、杰尔库尔河、德涅斯特河一带的考古发现证明了这一点。在公元前 4 万年至公元前 1.5 万年间,几乎整个乌克兰境内都已经有人居住了。那个时期被称为"旧石器时代",人们靠狩猎和采集为生,学会了钻木取火,群落的社会形态为母系社会。

公元前 7000 年至公元前 3000 年,历史发展到了"新石器时代",这个时候乌克兰境内的居民过渡到了农耕阶段,人们学会了种植黍、大麦、小麦、燕麦、大麻等农作物,把牛、山羊、绵羊、猪、马驯化为家畜,发展了畜牧业。当时的人们已经能够制作简易的陶器和一些粗糙的织物。考古学家发现,在现乌克兰境内发现的石器时代的遗址有 500 多处,其中在马里乌波尔古墓和梅利托波尔附近石墓中的岩石画,具有特殊的价值。在这段时期内,乌克兰境内有 2 万多人在此繁衍生息。

1896 年,基辅附近的特里波里村发现了公元前 4000 年至公元前 2000 年期间的文化遗迹,被称为特里波里文化。这种文化的遗址后来在第聂伯河沿岸地区和右岸乌克兰地区,以及德涅斯特河沿岸地区都陆续被发现。经过考古学家们的认定，特里波里文化在当时的众多部落文化中属于最发达的一支，他们的农耕和畜牧都已经有了一定的发展，并且已经能够炼铜和铁，用来制作劳动工具、武器和饰物，建造四方形的木构架住所，制作精美的陶器，陶器上会有一些彩饰或螺旋状、条带状的图案画。

特里波里人于公元前 2000 年左右消失，而在公元前 2000 年至公元前 1000 年时期，在乌克兰南部，南布格河与第聂伯河流域出现了一个从事农耕和畜牧的部落，被称为基麦里人。古希腊诗人荷马在《奥德赛》中写过里海北岸是"基麦里人的地方"，这可能是文字记载中首次提及后来被称作乌克兰的地方，因此基麦里人被称作第一批在历史上留下了自己名称的部落之一。但是荷马并没有在书中告诉我们关于基麦里人的任何情况。许多学者认为基麦里人就是乌克兰本地的居民，他们开始使用铁器，并使乌克兰进入了铁器时代，农业和手工业获得了很大的发展。除此之外，基麦里人是乌克兰土地上第一个放牧部落，基麦里人个个身怀骑马绝技，因而他们的军队里都是骑兵。基麦里人完成了向游牧生活方式的过渡，他们在顿河和德涅斯特河流域中间地带一直生活到公元前 7 世纪。

公元前 8 世纪至公元前 7 世纪，伊朗族系的斯基泰人游牧部落从亚洲迁徙到乌克兰南部草原地区，取代了基麦里人，建立了一个新的强大政治联合体。斯基泰人处于父系社会，只有儿子们有权分享其父的财富，实行的是一夫多妻制，在丈夫死后其众多妻子都要殉葬。富人坟墓中陪葬品非常丰富，而穷人的墓葬却简陋不堪，说明社会经济分化已成为相当明显的事实。财富的来源大致分为两个，一个是通过征战掠夺，另一个是与黑海沿岸的希腊人殖民区的通商往来。他们出售的是乌克兰生产的粮食、蜂蜡、蜂蜜、毛皮，还有奴隶，换回葡萄酒、饰物和一些奢侈品。

随着斯基泰人的日益强大，他们居住的地方逐渐发展成地中海古希腊罗马文明一个边远却非常重要的部分。斯基泰人通过与黑海地区希腊殖民地的接触，了解到了希腊文明并受其影响，但这也同样给斯基泰人带来了战争的灾难。公元前514年至公元前513年，当时的波斯国王达利一世出兵攻占了乌克兰地区，并打算征服斯基泰人。面对突如其来的外敌，斯基泰人采用了消耗战以耗尽敌人的兵力，从而迫使波斯军狼狈退兵。此后，斯基泰人将各个部落联合了起来，建立了斯基泰国。国家的中心地带在第聂伯河左岸，从公元前3世纪末起，逐渐迁移到了克里米亚半岛的涅阿波尔-斯基泰。

到了公元前5世纪末至公元前4世纪初，斯基泰人出兵征讨西边多瑙河一带的色雷斯人，因此与当时的马其顿皇帝菲利普二世发生对峙。公元前339年，菲利普二世带领的马其顿人大胜斯基泰人，斯基泰人从此一蹶不振。斯基泰人衰落之后，一支从伏尔加河迁徙过来的游牧部落萨尔玛特人成了南乌克兰地区的主人。萨尔玛特人实际是若干部落的统称，包括亚济格人、罗科索兰人、阿兰人等。萨尔玛特人与斯基泰人相似，同样骁勇善战。萨尔玛特人对乌克兰草原的统治从公元3世纪开始，到公元4世纪结束，先后被匈奴人、日耳曼哥特人所取代。

公元4世纪后，在乌克兰的土地上出现了东方民族大迁徙的局面。首先是匈奴人，之后保加尔人、阿瓦尔人、哈扎尔人、乌戈尔人、佩彻涅格人、波洛伏人和鞑靼人，他们都曾先后在乌克兰草原地带栖身生活过。在匈奴人离去后，斯拉夫人才踏上这片土地，一幕幕的历史剧也因此拉开帷幕。

公元 5 至 7 世纪,在喀尔巴阡山脉以东,普里皮亚特沼泽地,第聂伯河和流入黑海的各河流之间地区,即当今乌克兰的大部分土地上,若干斯拉夫人的部落已经形成。随着斯拉夫人的迁移,6 世纪初共同斯拉夫语分化成了三个语支:西斯拉夫语(后来发展成为波兰语、捷克语和斯洛伐克语)、南斯拉夫语(后来发展成为保加利亚语、马其顿语和塞尔维亚—克罗地亚语)、东斯拉夫语(后来发展成为乌克兰语、白俄罗斯语和俄罗斯语)。从语言的分化状况可以看出,相应的三支斯拉夫人部族当时已经形成了。东西两支形成的时间相对比较早,部分学者认为是在公元前后,南支大约在 5 世纪末形成。促使斯拉夫人分化的主要原因是公元 2 世纪到 6 世纪这数百年间的迁移。当斯拉夫人迁移扩散到欧洲的广大地区时,原来居住地上的非斯拉夫人,在民族、文化和语言上都对斯拉夫人产生了冲击,所以斯拉夫人逐渐形成了东、西、南三支部族。

7 世纪至 8 世纪东斯拉夫人继续向各处迁移,逐渐发展成了若干个部落联盟,各个联盟各有自己的政治、经济和文化中心及一些规模不同的城市。像东南群体由八个部落联盟组成:德列夫利安人、波利安人、塞维利安人、底维尔人、乌里奇人、沃伦人、杜列布人和白霍尔瓦特人。这当中的波利安人住在第聂伯河中游以西,其北端支流捷捷列夫河与其南端支流阿罗夏河之间的地方,政治中心为基辅城。

《往年纪事》记载,来自安特部落的最大分支波利安人在482 年建立了基辅城,相传基辅城的名字来源于当时波利安人部落首领基伊。基辅城位于欧洲第三大河第聂伯河岸边,该河的无数大小支流密密麻麻地分布在广阔的土地上,形成了便利重要的交通网络,而基辅城便成了这个交通网络的中心,城里汇聚了来自周围各个地方的粮食、牲畜、布料、装饰品和武器等。人们在那里的集市上互相买卖,从而出现了一派兴旺繁华的景象。基辅位于三条重要商路的交叉处:一条通过第聂伯河的南道,从水路上把北方波罗的海一带的国家与黑海连通;一条陆路大商道由东向西,自黑海起,经基辅、弗拉基米尔、克拉科夫、布拉格、雷根斯堡,把阿拉伯世界与中欧、西欧连接起来;还有一条商道起自里海,通过基辅抵达波罗的海,把阿拉伯世界与波罗的海沿岸、斯堪的纳维亚半岛连接起来。基辅作为一个中心城市,从四面八方吸引来各国的商人,汇集着各个民族的文化财富。除此之外,基辅的地理位置还有另一个特点:基辅位于覆盖着茂密森林、具有平坦地势的北方和开阔的南部大草原这两种不同地形及不同文化的交会处。这一特点赋予了基辅非常重要的战略意义。正因如此,基辅逐渐发展成了抵御外来之敌的强大要塞,控制了基辅城就意味着能够将权力扩展到这一片广袤的土地上,基辅城注定在历史的长河中被赋予重要的历史意义。

从罗斯到基辅罗斯

　　8 世纪到 9 世纪，在崇山峻岭、土地荒凉的斯堪的纳维亚半岛沿岸一带居住着的人们生活艰苦，经常处于食不果腹的状态。迫于生计，一些有胆量的斯堪的纳维亚年轻人便集结起来乘船去其他地方闯荡。这帮年轻人到西欧一些国家去抢夺财物，他们陆陆续续侵占了英国、法国、意大利和西西里岛的一些地方，并在侵占的土地上建立起了自己的小王国。在他们当中最勇猛的是游向东南方向的瑞典人和哥德兰岛人，人们称这些人为瓦兰人。这些瓦兰人一开始定居在波罗的海沿岸，拉多加湖一带，他们不断扩张又占领了伊尔门湖旁的诺夫哥罗德城。瓦兰人形象多变，他们既是商人又是强盗，如果能够通过交易达到目的就做商人，谈不拢就实行抢夺。而此时生活在北部的斯拉夫人的处境又是怎样的呢？有这样一个故事：居住在诺夫哥罗德地区的斯拉夫人叫作楚德人，瓦兰人经常抢夺楚德人的财物，双方争斗不断，楚德人曾一度将瓦兰人赶出海外。但是这帮斯拉夫人没有统一的法律，部落之间内讧频繁发生，经常处于混战中。各部落居民叫苦连天，于是他们经过商议决定求助于瓦兰人："我们去找个王公来，让王公来统治我们，按照规矩来治理吧。"于是斯拉夫人便渡海来到瓦兰人也就是罗斯人那里（那时斯拉夫人称瓦兰人为罗斯人），并对他们的大公说："我们土地辽阔，物产丰饶，但是我们没有统一的法律，混乱无章。请你们的王公来统一管理我们吧。"

　　于是,862 年,瓦兰人留里克和他的两个弟弟西涅乌斯、特鲁沃尔带领着他们的族人应邀来治理东斯拉夫人的土地。留里克率领着自己的弟弟和族人们征服了楚德人、麦利亚人和维西人,又战胜了北方的斯拉夫部落里的斯洛文人和克里维奇人。留里克统治的诺夫哥罗德,位于今天俄罗斯西北部,这个地方后来被称为"罗斯的土地"。留里克的两个弟弟死后,留里克便独揽了大权,成了罗斯的唯一统治者。此后留里克沿第聂伯河顺流而下,征服了基辅的波利安人,成了他们的统治者,留里克的政权进一步得到发展和壮大。留里克在 879 年去世,他在临终时将诺夫哥罗德的大权交给了奥列格,并将自己的小儿子伊戈尔托付于他。奥列格于 882 年率武士队从诺夫哥罗德出发,先后占领、征服了斯摩棱斯克和柳贝奇两城,然后智取了基辅城,并宣布基辅为"罗斯诸城之母",自称"罗斯大公",基辅罗斯开启了乌克兰及整个斯拉夫的文明。奥列格成为历史上基辅罗斯的第一位统治者。

　　确立了基辅的城市地位后,诺夫哥罗德人认为这有损自己城市的原有地位,表示拒不服从奥列格,这位勇猛的统治者果断地以武力平息了反对派的叛乱。稳定了基辅的统治地位后,奥列格在 883 年至 885 年间,将自己的统治范围扩大到了波利安人之外的德列夫利安人、塞维利安人和拉基米奇人。奥列格用了 20 年时间先后征服了南部与西部的杜列布人、乌里奇人、底维尔人、白霍尔瓦特人和北方的克里维奇人等部落联盟。奥列格将北部罗斯和南部罗斯统一起来,建立起了一个名副其实的大国,中心城市是基辅,历史上称为基辅罗斯。在当时,基辅罗斯大公的权力主要表现为被奥列格征服、占领的东斯拉夫与楚德人和默里亚人部族都必须定期向其交纳贡品,当时的贡品主要有毛皮、牲口、蜂蜜、蜂蜡等,除此之外,当基辅罗斯大公组织军事出征时相关部落都必须派兵参与。

在基辅罗斯的创建过程中，瓦兰人可以说起了非常重要的作用，确切地说是一种领导作用。正是在瓦兰人留里克和奥列格的领导下，基辅与斯堪的纳维亚才被联系了起来。《往年纪事》中所说的"自瓦兰人到希腊人之路"是指从波罗的海至黑海的商贸之路：这一路经过涅瓦河、拉多加湖、沃尔霍夫河、伊尔门湖、洛瓦季河，到第聂伯河上游，经第聂伯河到达黑海。另一条波罗的海商路走的是德维纳河，然后进入第聂伯河上游。在两条河流之间设立了连水陆路，这样就可以把船和货物运到河岸。就这样，在水陆连接汇合处的基辅成为货物的集散地，也发展成了主要的商业中心，与东方的联系也由基辅再次打通。

奥列格是一位很有抱负的大公，他在位期间为了公国的经济利益，不断向外扩张势力，又陆续征服了拉基米奇人和塞维利安人，也因此触犯了哈扎尔汗国的利益。拉基米奇人和塞维利安人的部落是臣服于哈扎尔汗国的，他们会定期向哈扎尔汗国交纳贡品，哈扎尔汗国不想失去这些向他交纳贡品的部落，于是在基辅罗斯和哈扎尔汗国之间，不可避免地发生了战争，奥列格率兵攻打了哈扎尔汗国的城市桑巴拉伊，以哈扎尔汗国战败向奥列格赔款结束。与拜占庭的斗争可以说是奥列格在位期间最具代表性的事件。当时拜占庭控制着黑海的商道出口，并且对奥列格领导的基辅罗斯充满了敌意。907 年，奥列格先发制人从海路进军拜占庭的都城君士坦丁堡。迫于奥列格强大的军事力量，拜占庭分别在 907 年和 911 年两次与基辅大公签订了对罗斯非常有利的条约，条约中不仅包含对基辅罗斯的巨额赔款，还有对基辅罗斯商队和船只活动免收关税等优惠政策。

奥列格于 912 年去世，他死后将政权归还给了留里克的儿子伊戈尔。伊戈尔在位期间政局并不是那么稳定。首先在国内,他面临着德列夫利安人和乌里奇人要求自主的内乱,伊戈尔用了很长一段时间才平息了这场内乱,巩固了自己的政权。另一个比较棘手的问题便是与拜占庭之间的关系,在奥列格死后,拜占庭便不再甘心受原有条约的约束,他们拉拢在黑海以北大草原上的佩彻涅格人,教唆佩彻涅格人侵袭基辅罗斯的土地,抢劫、突袭途经第聂伯河下游的基辅罗斯商队,这种侵袭骚扰持续了100多年。一开始,伊戈尔大公采取了加强向黑海北岸地区移民设点的办法来抵制来自大草原的威胁,抵抗来自拜占庭的压力,而后插足克里米亚半岛,对那里的希腊移民采取敌对行动。就这样,双方矛盾逐渐激化,最终开战。基辅罗斯与拜占庭早先签订的和约最终在941年被完全撕毁,伊戈尔大公发兵出海征讨君士坦丁堡。然而拜占庭早就做好了迎战的准备,出其不意地包围了停泊罗斯战船的港口。历史记载"希腊之火"袭击了伊戈尔的船队,这次战争以伊戈尔的溃败结束。经过两年的休整,伊戈尔再次对拜占庭发动了战争,这次君士坦丁堡主动提出谈判,双方再次签署了条约。然而此次条约的内容对基辅罗斯来说并没有太多的益处,拜占庭加强了对境内基辅罗斯商人的监控,如不准他们在君士坦丁堡过冬等,并且伊戈尔还做出了放弃占有第聂伯河入海口与黑海沿岸,承诺不再袭击克里米亚半岛的让步。

944年,伊戈尔在率兵出行向德列夫利安人索贡时,被德列夫利安人杀死。伊戈尔大公死后,其子斯维亚托斯拉夫尚年幼,大公夫人奥莉加以其幼子的名义摄政,成了第一位"垂帘听政"的女大公。奥莉加接手亡夫的政权后,第一件事便是替丈夫报仇,她当即发兵讨伐德列夫利安人。946年,基辅罗斯的大军攻陷并烧毁了德列夫利安人的政治中心伊斯科罗斯城,5000

余人遭杀戮,部分人沦为奴隶,剩余的人必须定期向基辅罗斯交纳贡税。虽然奥莉加动用武力为丈夫报了仇,但她明白不能再对臣民过分剥削和索贡。她并没有被仇恨冲昏头脑,而是积极投入公国领导当中,发布了新法令,对贡税要求做了修改,规定定期、定额、定点缴贡。她在德列夫利安人的所在地和诺夫哥罗德等地设立了王公的驻在站,作为基辅中央权力的代表地,接受法律诉讼事宜,也作为征收贡物的地点。奥莉加还定期巡访各地体察民情,这些政策都加强了中央权力,巩固了统治。对德列夫利安人发动的战争,是奥莉加执政期间进行的唯一一次战争。

奥莉加执政的另一个亮点是她出色的外交政策,她亲自前往君士坦丁堡访问。还有一件重大事件是她皈依了基督教,在拜占庭帝国最大的教堂——圣索菲亚大教堂,由总主教亲自主持了受洗仪式。除了对拜占庭进行外事访问外,奥莉加还与德皇奥通一世互派使节进行联系,商谈宗教事务,以扩大基督教在罗斯的影响,但是奥莉加在她执政期间并没有在基辅罗斯推广基督教。

964年,斯维亚托斯拉夫从母亲奥莉加手中接管基辅罗斯,成为新一任基辅罗斯大公。斯维亚托斯拉夫是一位骁勇善战的大公,性格直爽刚烈。在亲政初期,他便亲自带兵出征,征服了当时向哈扎尔人纳贡的维亚迪奇人。随后他沿伏尔加河直下,征服了那一带的布加尔人。斯维亚托斯拉夫一步步地逼近,让哈扎尔人渐渐地有了危机感,也就不可避免地引发了正面冲突。哈扎尔人属于突厥族,是一个半游牧部族,在7世纪中期建立汗国,8世纪中期定都在伏尔加河下游的伊蒂尔城,随着哈扎尔汗国向西部扩张,东斯拉夫的拉基米奇人、塞维利安人、维亚迪奇人等臣服于哈扎尔汗国,并向其纳贡。哈扎尔可汗亲自率兵迎战基辅罗斯大公,但遭遇重创,哈扎尔汗国多座城镇被攻陷,最后连都城伊蒂尔也被基辅罗斯的铁蹄踏平,哈扎尔汗国灭亡。乘着胜利的东风,斯维亚托斯拉夫又先后征服了北高加索的卡索格人和亚斯人。在斯维亚托斯拉夫大公的多年征战下,基辅罗斯的版图扩大至伏尔加河、波罗的海、高加索,并将所有东斯拉夫统一到了基辅罗斯的政权下。

10世纪初,在巴尔干地区崛起的保加利亚,逐渐成为一个强国,成为拜占庭在这一地区的威胁。在10世纪60年代,保加利亚因内乱国力削弱,当时的拜占庭帝王尼基福尔·福卡看到了机会,他派使节奔赴基辅罗斯国商讨,与其联合征讨保加利亚。斯维亚托斯拉夫看中了多瑙河狭口多条重要商路的交会点,这个交会点有利于基辅罗斯通向黑海沿岸的市场。考虑到这些有利因素,斯维亚托斯拉夫当即与拜占庭结为联盟,出兵保加利亚。

968年,基辅罗斯6万大军向保加利亚推进,而保加利亚却只有3万军队,这无疑是一场毫无悬念的战争。基辅罗斯大军占领了多瑙河沿岸的许多城镇。当攻占到多瑙河畔的佩列亚斯拉维茨时,这个城市因为汇聚了来自希腊人的绸缎、黄金、葡萄酒、各种水果,捷克和乌戈尔人带来的白银和马匹,还有从基辅罗斯来的毛皮、蜂蜜和奴仆,被斯维亚托斯拉夫列作新都。然而当斯维亚托斯拉夫沉浸在胜利的喜悦中时,基辅城却陷入危机。因为基辅罗斯在保加利亚的势力不断扩大,从而成了拜占庭新的威胁,因此拜占庭在斯维亚托斯拉夫率基辅罗斯大军征战保加利亚时唆使佩彻涅格人袭击基辅罗斯,包围基辅城来牵制斯维亚托斯拉夫在多瑙河的势力扩张。基辅告急,斯维亚托斯拉夫率基辅罗斯大军火速撤回基辅城,击退了佩彻涅格人。虽然基辅的这次告急有惊无险,但佩彻涅格人对当时的基辅罗斯形成了强大的威胁,成了基辅罗斯的一个长期存在的外患。

巴尔干一直是斯维亚托斯拉夫未了的心患,这位大公将基辅罗斯公国划分为了三部分,其长子雅罗波尔克坐镇基辅,次子奥列格驻守德列夫利安人居住的奥夫鲁奇,小儿子弗拉基米尔镇守诺夫哥罗德。一切安排妥当后,970 年,斯维亚托斯拉夫再次率领基辅罗斯大军征战巴尔干。最初拜占庭只是想借斯维亚托斯拉夫之力来削弱保加利亚的国力,但没想到斯维亚托斯拉夫逐渐控制了巴尔干,并成为自己新的威胁,这种形势下拜占庭与基辅罗斯的盟友关系瞬间破裂。不可避免的一场战争瞬间爆发。交战初期,斯维亚托斯拉夫占据有利形势,占领了普罗夫迪夫城,攻入色雷斯地区,直逼君士坦丁堡。但在多罗斯托尔城,战争进入胶着的白热化状态,拜占庭集结了 4.5 万人将基辅罗斯 3 万人围困在多罗斯托尔城,双方对峙了整整 3 个月,其间,斯维亚托斯拉夫多次组织突围,但都未攻破拜占庭的围困。最后斯维亚托斯拉夫不得不求和,并承诺放弃在多瑙河一带占领的城镇,放弃对克里米亚的图谋。至此,斯维亚托斯拉夫的巴尔干宏伟蓝图化为泡影。

斯维亚托斯拉夫带着遭受重创的基辅罗斯军队途经黑海顺第聂伯河返回基辅的途中,遭遇了早就埋伏在第聂伯河石滩的佩彻涅格人的伏击。斯维亚托斯拉夫被困在一个叫白岸的地方,当时刚好是冬季,粮草短缺,基辅罗斯军队的处境非常困难。972 年春,斯维亚托斯拉夫率领剩下的部队奋力突围,但最终还是未能成功,戎马一生的斯维亚托斯拉夫大公战死沙场。

基辅罗斯盛世

斯维亚托斯拉夫死后,基辅罗斯的大公位置出现了空缺。长子雅罗波尔克坐镇基辅城,他认为基辅罗斯的大权理所当然应该由他来接管,但他的两个弟弟并不同意这个决定,王位争夺战就此开始。雅罗波尔克采取了先发制人的策略,用计谋杀死了驻守在奥夫鲁奇的奥列格,确立了自己对基辅罗斯的统治地位,小弟弗拉基米尔闻讯后逃亡斯堪的纳维亚半岛。

在斯堪的纳维亚半岛瓦良格军事力量的帮助下,弗拉基米尔于公元 980 年推翻了雅罗波尔克的统治,成为基辅罗斯新一任大公。弗拉基米尔掌握政权以后,顺应民心,实行新政,一改先辈在境外开疆拓土的征战政策,专心料理国事,加强疆土的保卫,努力发展政治与文化。基辅罗斯在弗拉基米尔的治理下逐渐发展成了一个完整的社会机体。但弗拉基米尔仍旧保持着与武士队的关系,延续了给武士们发放奖赏、依靠武士维护基辅罗斯政权、将众多儿子派往各驻地做地方官等之前几位大公的施政管理方针。

曾经被弗拉基米尔父亲征服的维亚迪奇人和拉基米奇人,在其父去世,基辅罗斯陷入王位争夺战时,趁机造反了。弗拉基米尔登上大公王位后,便出兵平息了叛乱,维护了其父征战的成果,也维护了基辅罗斯的统一。伏尔加河一带的布加尔人也曾被斯维亚托斯拉夫征服,但当基辅罗斯的军队一撤离,他们很快就叛乱独立。布加尔人在此后 20 多年的时间里重建了自己的国家。985 年，弗拉基米尔大公决定出兵彻底征服布加尔人，大军分别从水路和陆路出发，但这一战没能取得全面性的胜利，双方最终只是达成了和解。

基辅罗斯的西部一直以来都是非常重要的食盐供应地，还是非常重要的对外商贸：经过沃伦和切尔文通向波兰和日耳曼，经过佩列梅什利通向匈牙利。而在当时，佩彻涅格人出现在了黑海北岸大草原上。佩彻涅格人的出现严重干扰，甚至是阻断了基辅罗斯通向黑海的商贸通道，使基辅罗斯无法从黑海沿岸地区的盐湖获取食盐。而西部的杜列布人、霍尔瓦特人和底维尔人早在奥列格时期就已经臣服于基辅罗斯，后来却都接受了波兰的统治。面对这一系列对基辅罗斯的威胁，981 年，弗拉基米尔决定发兵西征，攻占了佩列梅什利、切尔文等边城。983 年又夺取了位于布格河和涅曼河之间的立陶宛部族亚特维亚格人的地方。993 年征讨霍尔特人。弗拉基米尔通过这一连串的征战，拓展了西部的疆域，加强了与匈牙利、捷克等国的联系，但也不可避免地造成了与波兰关系的紧张。

弗拉基米尔用了不到 10 年的时间，将所有东斯拉夫人居住的土地都纳入了基辅罗斯的版图，使基辅罗斯成为当时欧洲领土面积最大的国家。大体的领土范围东起奥卡河与伏尔加河上游地区，西至德涅斯特河、喀尔巴阡山、西布格河、涅曼河、西德维纳河一带，北起楚德湖、芬兰湾、拉多加湖、奥涅加湖地区，南和东南至苏拉河、顿河、罗西河和南布格河地区。

前面已经提到过，弗拉基米尔效仿自己的父亲，把自己的儿子们都派往各主要城市担任地方官：伊贾斯拉夫驻扎在波洛茨克城，斯维亚托波尔克在图罗夫城，雅罗斯拉夫在诺夫哥罗德城，苏季斯拉夫在普斯科夫城，斯坦尼斯拉夫在斯摩棱斯克城，斯维亚托斯拉夫在德列夫利安城，姆斯季斯拉夫在特穆塔拉坎城,鲍里斯在罗斯托夫城,格列布在穆罗姆城。这一措施是为了加强各个地方与基辅之间的联系,增强基辅罗斯大公的权威,但也有一个弊端,就是当大公在位时这是一项强化基辅权力的好措施,一旦大公位置空缺,将会为争夺大公王位留下无穷的隐患。

另一件不得不提的弗拉基米尔的功绩便是他将基督教立为基辅罗斯的国教。这一决策可以说是具有非常深远的历史意义。基辅罗斯人普遍信奉多神教,相信世间万物有灵,将自然现象神化,崇拜祖先之灵,相信命运的主宰、善恶报应。基辅罗斯人生活中主要的神明就有 20 余位,如天神、火神、雷神、战神、太阳神、风神、爱神、财神、春神、命运之神等。在早期东斯拉夫人心中,众神之首是天神斯瓦罗格,他是太阳神与火神之父,上苍之主,其余神灵则是他的子孙后代。10 世纪末的基辅罗斯上层人物对基督教已经不陌生,伊戈尔大公本人及其手下部分武士在当时已经信奉基督教,而且在当时的基辅城内已经建有一座基督教堂。前文已经介绍过,奥莉加曾访问君士坦丁堡,并在君士坦丁堡受洗。但是,当时基督教在基辅罗斯并没有得到广泛传播。

关于弗拉基米尔皈依基督教还有一个有趣的故事。987年,拜占庭帝国发生内乱,当时拜占庭的皇帝瓦西里二世王位不保,无奈不得不向弗拉基米尔寻求支援。弗拉基米尔答应出兵援助,但提出娶瓦西里二世的妹妹安娜公主为妻,与拜占庭联姻。瓦西里二世为了快速平息内乱便一口答应了。随后弗拉基米尔大公派出 6000 名基辅罗斯士兵,于 989 年帮助瓦西里二世平息了内乱。当拜占庭政局稳定后,瓦西里二世却以各种理由企图悔婚。弗拉基米尔当即率兵包围了拜占庭在克里米亚最重要的殖民地和当地最大的城市赫尔松奈斯-科尔孙城,经过半年时间,最终将其攻破。大军长驱直入拜占庭,拜占庭皇室只得同意安娜公主嫁入基辅罗斯,但是有一个要求:弗拉基米尔大公必须皈依基督教。弗拉基米尔为表示诚意,下令从所占领的城市退兵,并同意受洗皈依基督教。989 年的秋天,弗拉基米尔大公和安娜公主在赫尔松奈斯-科尔孙城举行了隆重的婚礼,转年返回基辅城。990 年,弗拉基米尔大公下令基辅城百姓全都到第聂伯河及其支流波柴纳河接受洗礼,也就出现了世界历史上有名的"罗斯受洗"。

基辅城受洗之后,便以弗拉基米尔大公的庇护圣徒瓦西里之名搭建了一座圣瓦西里教堂。基辅城从此成了基辅罗斯国传播基督教和东正教的宗教中心。基辅罗斯的第一任大主教是希腊人费奥菲拉克特。除了基辅,弗拉基米尔还分别在切尔尼戈夫城、别尔哥罗德城、弗拉基米尔-沃伦斯基城、诺夫哥罗德城,设立了 5 个主教管辖区。主教管辖区由大主教管辖,所辖的城乡各地的教区由司祭主持。当时教会享有广泛的自主权和特权。整个基辅罗斯除了这几个城市外,在别的地方,仍然还存在着多神教信徒,基督教在基辅罗斯的传播是一个缓慢的过程,耗时数百年之久。

弗拉基米尔大公选择基督教为国教,并不单纯只是为了迎娶安娜公主,他意识到多神教并不利于国家政治和文化的发展。在当时,除了基督教,还有伊斯兰教和犹太教,也都已经传入了基辅,并且不同宗教的神职人员都极力向大公推荐自己的教派,但弗拉基米尔大公为何选了基督教呢?有以下几个因素:第一,在这几种宗教中,基督教对于弗拉基米尔来说并不陌生,因为他的先辈中就有很多基督教信徒,比如上文提到的他的祖母奥莉加;第二,当时在中欧和南欧,大部分国家选择了基督教作为国教,拥有共同的宗教信仰,是拉近与其他斯拉夫国家的关系,融入欧洲民族交往圈子的一个行之有效的办法;第三,一个国家拥有共同的信仰,有助于从精神和文化上形成内部凝聚力,更有利于政局的稳定。

基辅罗斯选择了基督教,某种意义上也就是选择了西方。这里要特别指出的是,基辅罗斯选择了希腊正教而不是罗马天主教,这似乎为后来乌克兰与波兰之间持久的宗教冲突埋下了隐患。

弗拉基米尔在位期间,基辅罗斯进入了一个新的文明发展阶段:有了有史以来的第一部编年史,铸造了带有大公肖像的钱币并出现了王族的徽记;推行了新的宫廷仪式,改进了军事组织,兴建防御工事,组建了水军。弗拉基米尔大公在引进基督教方面做出了巨大的贡献,因而获得了"神圣弗拉基米尔"的美称。

弗拉基米尔于 1015 年 7 月 15 日去世,他死后基辅罗斯公国再一次陷入了基辅大公王位的争夺斗争。长子斯维亚托波尔克理所当然地认为王位应属于他。斯维亚托波尔克并不是弗拉基米尔的亲生儿子,他的生父是弗拉基米尔的长兄雅罗波尔克。当年弗拉基米尔击败雅罗波尔克,登上基辅大公王位时,念他年纪尚幼便收为义子,长大后委派他做图罗夫城的地方长官。1009 年,帮他迎娶了波兰王公之女为妻。弗拉基米尔一死,斯维亚托波尔克迅速地独揽了大权,为了巩固自己的政权,他派出杀手杀死了弗拉基米尔的三个亲生儿子:罗斯托夫的鲍里斯、穆罗姆的格列布和德列夫利安的斯维亚托斯拉夫。因为他残忍无情,后人称他为"魔王斯维亚托波尔克"。驻守诺夫哥罗德的雅罗斯拉夫侥幸逃脱了这场暗杀,当即决定争夺王位。雅罗斯拉夫请来瓦兰人助他讨伐斯维亚托波尔克,在基辅附近的柳贝奇一战中,大胜斯维亚托波尔克,1016 年攻占了基辅城。斯维亚托波尔克战败逃往波兰,在波兰岳父的帮助下,再一次组织军队进攻基辅。在西布格河上的沃伦城下,斯维亚托波尔克战胜了雅罗斯拉夫,1018年斯维亚托波尔克再一次占领了基辅城。斯维亚托波尔克为了感谢波兰岳父的支援,将西部边境上的切尔文诸城赠送给了波兰。好景不长,雅罗斯拉夫经过一年的休整于1019年再一次进攻基辅,终于在特鲁别日河右侧支流阿尔塔河畔,全面击溃斯维亚托波尔克,获得了基辅的统治权。

雅罗斯拉夫的执政方针与其父亲弗拉基米尔的基本一致,并在父亲执政方针的基础上对其进一步发展和完善。雅罗斯拉夫同样也是集中力量加强国内建设,军事上以防御、保卫疆土为主。除了防御保卫,雅罗斯拉夫还有计划地扩张了基辅罗斯的领土:1030年波罗的海沿岸芬兰的楚德人归顺到雅罗斯拉夫的统治下;1031年从波兰人手中收复了切尔文诸城;1038年战胜了亚特维亚格人;1040年出兵征讨立陶宛;1054年征战捷克,从捷克人手中夺回了西里西亚。佩彻涅格人一直是基辅罗斯的潜在威胁,在当时虽然佩彻涅格人已被其他游牧部落削弱,但雅罗斯拉夫为了更好地防范,下令修建了两道防御线:一条是沿罗西河与特鲁别日河,建立了博古斯拉夫尔、科尔孙、卡涅夫、佩列亚斯拉夫等城;另一条是沿苏拉河,建立了卢布内、卢科姆利、沃伊恩等城。1036年佩彻涅格人突袭基辅城,雅罗斯拉夫组织了强有力的反击,佩彻涅格人遭遇了毁灭性的打击,残余部分远离了基辅罗斯,迁徙到多瑙河一带。赶走了佩彻涅格人,雅罗斯拉夫在占领的土地上建造了一座大教堂,取名为圣索菲亚大教堂。铲除了基辅罗斯一直以来的外患之后,雅罗斯拉夫大公并没有安于现状,而是居安思危,在他在位期间不断加固边防、收复失地。经过雅罗斯拉夫的努力,基辅罗斯逐渐发展成欧洲最大的国家,当时基辅罗斯的领土范围北起波罗的海,南至黑海,东起奥卡河,西抵喀尔巴阡山。但雅罗斯拉夫还是未能将其父亲在位时属于基辅罗斯的国土重新统一起来。

在国家的内政建设方面,雅罗斯拉夫取得了令人瞩目的成绩。基辅罗斯日渐强盛,基辅城的人口逐渐增多,来来往往汇聚到基辅城的商人也逐渐增多,雅罗斯拉夫下令扩建首都基辅城,并在城外修建了护城的土围子、木栅栏、围墙以增强整个基辅城的防御工事,在四个方向建造了四座城门。他命令工匠在新城内按照拜占庭圣索菲亚大教堂的式样建造了一座同名的大教堂。教堂数量进一步增加,当时在基辅城内就有400座大大小小的教堂。当时的基辅城变得更加都市化,基辅城内有8处商业集市,城内人口密集,一片繁荣。为了规范臣民的活动,调节社会关系,安定社会秩序,雅罗斯拉夫大公命人修订《罗斯法典》。这部法典是社会文明进步的象征。雅罗斯拉夫的统治使基辅罗斯到达了前所未有的黄金时代,因此后人尊称他为"智者雅罗斯拉夫"。

雅罗斯拉夫和他的父亲都是通过兄弟间的厮杀争夺才登上了基辅大公的宝座,雅罗斯拉夫不想自己的儿子们重蹈覆辙,于是他设定了长子继承原则,即他死后将由长子继承大公王位,长子死后则由次子继承。雅罗斯拉夫将基辅城和诺夫哥罗德城分配给长子伊贾斯拉夫管理,将切尔尼戈夫、穆罗姆和特穆塔拉坎分配给二儿子斯维亚托斯拉夫,佩列亚斯拉夫、苏兹达利和罗斯托夫由三儿子弗谢沃洛德掌管,四儿子维亚切斯拉夫管理斯摩棱斯克,最小的儿子伊戈尔掌管弗拉基米尔-沃伦斯基及周边地区。雅罗斯拉夫死后,按照规定将由长子继承王位。但这个规定并没有从根本上阻止封建王族内部争夺权力的斗争。

1054年雅罗斯拉夫去世。随着他的离去,基辅罗斯由辉煌灿烂慢慢走向衰落。雅罗斯拉夫在死前将基辅和诺夫哥罗德这两个最重要的地区交给了长子伊贾斯拉夫,希望他能够担当起基辅大公的重任。雅罗斯拉夫其余的儿子们一开始还是比较尊重父亲的决定的,对父亲规定的长兄继承大公王位没有异议,二弟斯维亚托斯拉夫和三弟弗谢沃洛德都非常拥护支持长兄,并协助他一同治理国家,三个人推行一致的政策维护国家的统一,共同抵御外敌。三兄弟还一起修订了《罗斯法典》,其中的《雅罗斯拉沃维奇法典》就是兄弟三人共同制定的。法典废除了过去一直沿袭的血族复仇等内容,取而代之的是罚款。但是这种兄弟和睦、竭力维护国家统一的局面只持续了15年。伊贾斯拉夫个性优柔寡断,头脑简单,有负雅罗斯拉夫的期望,并没有将鼎盛的基辅罗斯延续下去。1068年,草原上兴起的波洛伏人部族占据了草原,并不断骚扰侵袭基辅罗斯的南部边疆。伊贾斯拉夫三兄弟决定出兵,但在阿尔塔河处被波洛伏人击败。波洛伏人沿第聂伯河一路烧杀抢掠,直逼基辅城。但这个时候伊贾斯拉夫没有组织有力的抵抗而是躲在自己的府邸,并拒绝武装百姓和发放武器。大公的无能表现激起了民众的强烈不满,导致了民众造反。伊贾斯拉夫被赶下了台,逃亡波兰并向当时的波兰国王博列斯瓦夫二世求助,波兰军队帮助伊贾斯拉夫夺回了基辅城,但这同时也是引狼入室之举,波兰军人在基辅城内胡作非为,加深了民众的不满,加之伊贾斯拉夫与两个弟弟已经闹翻,根本无法立足基辅。最后,伊贾斯拉夫于1073年再次逃离基辅罗斯,他的大公时期也宣告结束。

雅罗斯拉夫的二儿子斯维亚托斯拉夫在其弟弗谢沃洛德的支持下,于1073年成为新一任基辅大公,此人聪明睿智,但仅仅执政3年便去世了。此后弗谢沃洛德就任基辅大公,但弗谢沃洛德为人很有涵养,将基辅大公的王位让给逃亡在外的长兄伊贾斯拉夫,于是伊贾斯拉夫在1076年第三次成为基辅大公。但他的再次统治仅维持了1年,便在与斯维亚托斯拉夫的儿子们的王位争夺中丧命。弗谢沃洛德于1078年正式即位成为基辅大公。弗谢沃洛德饱读诗书,通晓五国语言,有着极高的文化修养。他在位期间迎娶了拜占庭公主为妻,并将自己的女儿叶夫普拉克西娅远嫁日耳曼皇帝亨里希四世,与西方各国保持了良好的关系。他极力维护基辅罗斯的统一,在不懈努力下统合了其父亲留下的大部分土地,主要包括基辅地区、切尔尼戈夫地区和佩列亚斯拉夫地区,以及斯摩棱斯克和伏尔加河上游地区。弗谢沃洛德于1093年去世,他死后将基辅大公王位传给了伊贾斯拉夫的儿子斯维亚托波尔克,斯维亚托波尔克在位20年。基辅罗斯的光辉正在逐渐退去,外患不断。

波洛伏人肆意侵犯基辅罗斯的土地。1092年在波洛伏人的铁蹄下佩列亚斯拉夫地区遍地狼烟,民不聊生,转年波洛伏人又侵扰基辅地区。而面对波洛伏人的不断侵扰、挑衅,基辅罗斯军队却无力防御抵抗。居住在罗西河一带的居民苦不堪言,粮食、物资被一抢而光,无数老百姓被波洛伏人掳走充当奴隶。此时作为基辅罗斯大公的斯维亚托波尔克却毫无办法,只得卑躬屈膝地向波洛伏人求和,并与波洛伏人联姻,娶可汗之女为妻,在基辅罗斯的历史上这应该是史无前例的屈辱了。

外敌不断入侵,一些失去权力的诸侯不但不团结一致共同抵御外敌,还为了一己私利与波洛伏人狼狈为奸,使原本紧张的形势火上浇油。为了摆脱这种困局,在斯维亚托波尔克和弗拉基米尔·莫诺马赫的提议下,1097年在基辅城附近的柳贝奇地区召开了各路诸侯会议,历史上称为"柳贝奇会议"。历史上每一任基辅大公都主张坚持维护国家领土统一,反对各诸侯家族建立除基辅大公权力之外的单独权力领域。但是,迫于当前危急的形势,基辅大公不得不改变先辈留下的传统。在这次会议上,基辅大公对于领地的划分做出了决定,同意每个王公有权保留其父辈留下的领地。通过这次会议,国家的疆土被分割为了若干单独的王公领地,各王公虽然都表示会听命于基辅大公,但实际上也都只是以自己的领地为中心,基辅罗斯的统一名存实亡。在领地的分割中,斯维亚托波尔克得到了基辅和图罗夫-平斯克地区,弗拉基米尔·莫诺马赫得到了佩列亚斯拉夫、斯摩棱斯克、罗斯托夫和诺夫哥罗德,达维德·伊戈列维奇得到了沃伦的一部分地区,一些之前丧失权力的诸侯如罗斯季斯拉夫·弗拉基米罗维奇的儿子沃罗达尔、留里克和瓦西里科分别获得了加里奇亚及沃伦的一部分地区,斯维亚托斯拉夫的儿子维德和奥列格分得切尔尼戈夫地区。

领土划分后,各诸侯并没有像最初约定的那样团结一致,共同抵御外敌。在之后的几年里,基辅周围各地又进行过多次诸侯会商,但并没有起到实质性的作用,基辅大公的威信和权力在逐渐下降、瓦解。

此后波洛伏人再次侵犯基辅罗斯的土地,主要是佩列亚斯拉夫地区,而该地区正是弗拉基米尔·莫诺马赫的领地。莫诺马赫在与波洛伏人的对抗中展现出了杰出的军事领导才能,在抵御外敌的舞台上大放光彩,深得基辅罗斯人民的支持。而作为基辅大公的斯维亚托波尔克在一系列的举措中表现出的昏庸和无能引起了百姓极大的不满和愤慨。斯维亚托波尔克死于1113年,积怨已久的民众们爆发了动乱,四处打砸抢劫千户长、百户长的府邸,基辅罗斯大地上一片混乱。在这种混乱的局势下,基辅城的高官显贵们一致呼吁弗拉基米尔·莫诺马赫出面主持大局。1113 年,已经 60 岁的弗拉基米尔·莫诺马赫顺应民心,在危急关头,接过了基辅大公的权杖,成为新一任基辅大公。

在雅罗斯拉夫的孙子莫诺马赫的统治时期,基辅罗斯的国力有过短暂的恢复,因此莫诺马赫在历史上有"贤明王公"的美誉。他是在基辅罗斯陷入危难时,被众人推举出来的。莫诺马赫的才华在其父亲担任基辅大公时就已经展露出来了,他一直帮助其父亲治理着基辅罗斯,走遍了基辅罗斯各地,出访东欧、波兰和捷克,率军出征,平定战乱。在莫诺马赫执掌基辅罗斯大权后,他大力整合因内讧和外患已经支离破碎的国土。当时他手里控制着基辅、图罗夫-平斯克、佩列亚斯拉夫、斯摩棱斯克、诺夫哥罗德以及伏尔加河沿岸等地。执政以后他又将明斯克、沃伦等领地收复到自己手中,最后将原基辅罗斯国土的四分之一控制在自己手中。虽然莫诺马赫兢兢业业,但最终无力挽回基辅罗斯昔日的辉煌,他成为基辅罗斯史上最后一位强大的竭力维护国家统一的大公,但终究没能避免基辅罗斯公国被终结的命运。这位勤政爱民、事必躬亲的统治者,于 1125 年去世。

莫诺马赫死后,他的长子姆斯季斯拉夫继位,这位大公在位时间只有 7 年(1125—1132),这段时期可以说是其父亲统治时代的延续。然而当莫诺马赫死后,基辅罗斯也就此破碎了。这个时候的基辅罗斯,已经分裂成了数个小公国。随着公国的分立,基辅罗斯的国力也在被逐渐削弱,财富和人口逐渐减少。到最后,基辅罗斯公国沦为同其他公国一样的公国,领地缩小为从第聂伯河至戈伦河之间的狭小地域。

虽然基辅罗斯公国只剩下基辅城以及周边的几个城镇,但基辅毕竟曾经是整个大公国的首都,有着一定的底蕴。这里曾是国际商贸的发祥地,有着领先于其他城市的高度文明,都主教仍然在基辅城,影响力最大的教堂和修道院也集中在基辅城,这个政治衰弱、经济衰退的公国依然是文化和宗教的中心,整片基辅罗斯土地上人口最密集的公国之一。正是这一系列优势,给基辅带来了无穷的灾难,基辅对于各个小公国的大公来说都是一个诱惑,是权势的象征,每一个小公国都想占有这座"罗斯诸城之母",实现统治者的身份。

　　各地王公为了争夺基辅展开了残酷的混战,局面非常混乱,基辅古城在争夺战中遭到了严重的破坏,百姓更是生活在水深火热之中。随着不断的分立,这片土地上最后形成了基辅公国、切尔尼戈夫公国、佩列亚斯拉夫公国、加里奇亚公国、沃伦公国、波洛茨克公国、明斯克公国、图罗夫公国、弗拉基米尔-苏兹达利公国、诺夫哥罗德公国、普斯科夫公国、斯摩棱斯克公国、梁赞公国。这些公国生生灭灭,每一个都形成和发展了自己的政治、经济和文化。此后,基辅公国、切尔尼戈夫公国、佩列亚斯拉夫公国、加里奇亚公国、沃伦公国逐渐发展形成了日后的乌克兰。

　　13世纪上半期,蒙古鞑靼人入侵东欧,这些蒙古人就是我们熟悉的蒙古领袖成吉思汗的孙子拔都率领的军队,其于1240年攻占了基辅,基辅罗斯在蒙古人的铁蹄下覆灭。虽然基辅罗斯公国的大部分领土被蒙古金帐汗国攻陷,但加里奇亚-沃伦公国仍然独立存在了100多年。加里奇亚-沃伦公国是当今乌克兰土地上继基辅罗斯公国之后存在的第二个国家,某种程度上是基辅罗斯公国文化和传统的延续和继承,为以后乌克兰民族特征的传承和发展起到了非常重要的作用。

蒙古人的入侵

12 世纪末至 13 世纪初,在基辅罗斯内部经历着国土分裂和政权分裂时,亚洲广袤的蒙古大草原上,一个强大的蒙古国出现了,他们的统治者便是我们历史书上有名的一代天骄——成吉思汗。最初的时候,蒙古大草原上并没有统一的政权,各个部落和族群独立领导,互不统属,各族群间常会互相攻占杀戮。蒙古族和鞑靼族之间相互厮杀了近百年,两族的族人常年饱受战火和杀戮的摧残。成吉思汗在位期间,用了大半生拼杀和征战,将蒙古草原上的各部族统一起来,1206 年,他被推选为蒙古草原上的大汗,建立国家,立国号为大蒙古国。

1220 年,蒙古大军第一次对基辅罗斯发起了进攻。面对外敌的入侵,当时的基辅公国、加里奇亚公国、切尔尼戈夫公国、佩列亚斯拉夫公国、库尔斯克公国、斯摩棱斯克公国、特鲁布切夫斯克公国、普季夫利公国和一些小公国经过商讨决定共同抵御入侵者,各公国于 1223 年组成联合军,兵力达 8.2 万人。开战后,由于基辅罗斯各位王公之间没有统一的指挥,也没有制订共同的作战计划,只是盲目地同蒙古军开战,军队缺少战斗力。在两军对抗中,许多基辅罗斯王公被俘并被杀害,联合军很快溃不成军,但蒙古大军只进攻至第聂伯河西岸便停止前进,随后撤军。

蒙古人的这次入侵给基辅罗斯造成了极大的破坏,所到之处都被抢烧毁坏。但是,经历了这场灾难之后,基辅罗斯各公国的大公们并没有对这次外敌入侵引起重视,也没有团结的意识。蒙古军一撤离,他们很快遗忘了这次战争带来的重创,再一次投入彼此的侵战内斗当中。

1227年,蒙古国大汗成吉思汗去世,他在位的这20多年可以说一直是在战马上度过的,这20多年他率领的蒙古大军几乎在不间断地征战。在对外不断的扩张中,成吉思汗建立起了一个庞大的蒙古帝国。成吉思汗有效地利用了所征服地的物资和人力,组建起具有先进技术和装备的强大军队,这支强大的军队几乎战无不胜、所向披靡。

成吉思汗死后将大汗之位传给了三儿子窝阔台。窝阔台成为蒙古国新任大汗后,于1235年下令再次西征。基辅罗斯各公国大公并没有吸取上一次外敌入侵时的教训,还是各自为战,没有形成统一的联盟进行抵抗,蒙古大军势如破竹。1240年末,蒙古军队渡过第聂伯河,直逼基辅城。12月6日,蒙古军队攻破基辅城,基辅城落入蒙古军手中,城中居民都惨遭屠杀,城中各种古建筑被烧毁,基辅城沦为废墟。当时任蒙古大军主帅的拔都于1243年在伏尔加河下游建立了金帐汗国,以沙莱为都城,基辅罗斯各公国向金帐汗国称臣纳贡。整个基辅罗斯开始臣服在蒙古鞑靼人的统治下。

金帐汗国采取了拉拢与高压并施的手段来巩固对基辅罗斯各公国的统治和对王公们的控制,下令各公国的王公前往沙莱以表示对金帐汗国的效忠,其中表示顺从的便给予加封,不顺从的直接杀害。

加里奇亚-沃伦公国：基辅罗斯的延续

　　基辅罗斯灭亡后，兴起了两个中心。一个是基辅罗斯西南的加里奇亚-沃伦公国，另一个是罗斯东北的弗拉基米尔-苏兹达利公国，但后者完全沦为金帐汗国的属国。[①] 在这里我们要着重介绍一下加里奇亚-沃伦公国，因为从其政治与文化传统延续的意义上来看，加里奇亚-沃伦公国可以说是基辅罗斯的直接延续。蒙古大军对基辅罗斯进行毁灭性的破坏之后，这个公国又存在了 100 年之久。

　　加里奇亚位于喀尔巴阡山东部，德涅斯特河与普鲁特河上游之间的地带，东部边界与沃伦地区广阔多林的平原接壤，北部与立陶宛相邻，西部是波兰，南部与匈牙利相邻。沃伦位于加里奇亚的东面和北面，东部与基辅公国相邻，北部是立陶宛。加里奇亚盛产岩盐，不仅能够满足西部各地的用盐需求，还被贩卖至基辅，因此岩盐成为加里奇亚的经济支柱之一。加里奇亚的商路通过喀尔巴阡山直达南欧，喀尔巴阡山地区的地理位置非常重要，也因为它的重要性，在 980 年至 990 年间弗拉基米尔大公才不惜一切代价从波兰人手中夺回了加里奇亚和沃伦，在沃伦建造了弗拉基米尔城。加里奇亚和沃伦直到 12 世纪末，一直都是两个分立的公国。加里奇亚公国由"智者雅罗

---

　　① 赵云中：《乌克兰：沉重的历史脚步》，华东师范大学出版社 2005 年版，第 103 页。

斯拉夫"的孙子罗斯季斯拉夫的后代治理,沃伦公国由弗拉基米尔·莫诺马赫一脉的姆斯季斯拉夫的后代治理。1199年,两个公国合并成为加里奇亚-沃伦公国。在加里奇亚-沃伦公国存续时期,最具代表性的大公是丹尼洛。他被称为加里奇亚-沃伦公国历史上最卓越的人物,同时也是乌克兰王公中杰出的一位。他所处的历史时代是他所有先辈不曾经历过的,面对破碎不堪的基辅罗斯,他用自己的一生去重整了破碎的山河,平息了一次又一次的篡权内乱,并击退了一直觊觎加里奇亚-沃伦公国国土的外敌,收复和统合了部分国土,恢复了王公权力的威严。丹尼洛于1214年夺回了弗拉基米尔城;1219年收回了别列斯捷和外布格地区;1225年收回了卢茨克和彼列索普尼查;1229年,趁波兰内乱之际,夺回了加里奇亚城;1234年收复贝尔兹;1239年丹尼洛出兵夺占了基辅,但是对加里奇亚的争夺并未就此停止。虽然丹尼洛于1229年夺回了加里奇亚城,但外族分别在1233年和1238年又发动了对加里奇亚的争夺战。1245年,丹尼洛与匈牙利人在雅罗斯拉夫城进行了一场血战,丹尼洛在这场战争中大获全胜,统一了整个加里奇亚,成了名副其实的加里奇亚王公。从1205年至1245年,丹尼洛用了40年的时间,终于实现了自己成为加里奇亚王公的宏伟理想。

而面对蒙古鞑靼军队势不可挡的进攻,他又不惜以个人的屈辱使整个公国免遭厄运。蒙古大军于1240年摧毁占领基辅城之后,便马不停蹄地向基辅罗斯的西南地区进军,1241年攻入加里奇亚与沃伦境内。在进攻中,蒙古军队为了不消耗军队主要战斗力,采取了避开防守坚固的要塞和堡垒的策略,集中全部兵力直攻沃伦的都城弗拉基米尔。蒙古军队入城之后到处烧杀抢掠,所到之处遍地狼烟。之后蒙古军又连续攻占数城,每到一处如入无人之境。此时的丹尼洛面对蒙古人如此疯狂的进攻只得逃往匈牙利。蒙古军队的铁蹄踏过沃伦与加里奇亚之后，又继续向西对波兰和匈牙利发起了进攻。1242年夏天，蒙古将领拔都突然率兵东返，在返途中再次对加里奇亚与沃伦进行了洗劫。1243年拔都率领东返的蒙古军定都沙莱城，建立了历史上有名的金帐汗国。

蒙古大军撤离后，丹尼洛便从匈牙利返回加里奇亚与沃伦，组织力量重建家园。蒙古军队对加里奇亚与沃伦的破坏只是集中在途经的一些大城市和人口比较稠密的地区，其他地区则幸免于难，战后恢复相对也比较快。定都沙莱的金帐汗国为了巩固对各公国的统治和对王公们的控制，下令各王公前往沙莱觐见以表示忠心，对于顺从的王公进行加封，对不顺从的便直接派人将其杀害。1245年，丹尼洛刚刚统一了加里奇亚，便接到了金帐汗国大汗的诏令，丹尼洛权衡了当前的形势，只得前往。1246年，丹尼洛赴沙莱并表达了对拔都的归顺和臣服，因而幸免于难，并安全返回加里奇亚。

编年史上对于丹尼洛的这一行为虽然进行了贬低，但部分乌克兰史学家却认为丹尼洛的这一举措是成功的。虽然被迫向金帐汗国纳贡，但使国家免于遭受破坏和战火。他一方面有效利用时机加紧建造城堡与要塞，加固已有的城防；另一方面积极联络同样饱受蒙古人压迫的匈牙利和波兰，集结力量共同对抗蒙古人。

丹尼洛于1264年去世，此后他的儿子列夫继承了父业。列夫是一位精力充沛、充满才干的人，他热衷于不断扩张领土。而列夫大公对金帐汗国采取了跟父亲一样的策略，表现出了恭顺和效忠，运用策略想尽一切办法减弱这种从属地位，减少所造成的损失。在13世纪80年代，多次派兵参与蒙古人对波兰的征讨。趁匈牙利王朝更迭的好时机，他在1292年夺回了外喀尔巴阡山地区的一部分。在列夫大公执政期间,他将加里奇亚公国的版图南扩至喀尔巴阡山,西扩至维斯瓦河,北边越过纳雷夫河,如此大的疆域是加里奇亚公国从未有过的。

外人统治下的向日葵

　　到 14 世纪中期,独立的加里奇亚-沃伦公国不复存在,从此成为北方邻国立陶宛和西方邻国波兰争夺的猎物。乌克兰人从此沦为亡国之民。加里奇亚-沃伦公国对于乌克兰的历史具有非常重要的意义,它是乌克兰这片土地上继基辅罗斯之后第二个具有一定规模的国家实体。自基辅罗斯瓦解后,在原基辅罗斯的土地上,加里奇亚-沃伦公国可以说是乌克兰土地上具有统一国家组织的存在,某种程度上是基辅罗斯国家传统的延续。在蒙古鞑靼人入侵之前,基辅是整个基辅罗斯的中心,1240 年以后,加里奇亚-沃伦公国便成为新的中心。加里奇亚-沃伦公国保持了自己领土的相对完整,这片土地是乌克兰的土地,世世代代生活在这片土地上的是乌克兰人。

　　立陶宛最早位于波罗的海东南沿岸涅曼河与西德维纳河流域,被沼泽和森林覆盖,人迹罕至,立陶宛部族就生活在这里。在 13 世纪之前,立陶宛并没有形成统一的政治实体,只有一些松散的部落。每个部落由若干单独的氏族组成,人们分散居住在林间的小村落中,村落中的居民以狩猎、捕鱼和原始的农耕为生,信奉多神教。到 12 世纪,立陶宛人与基辅罗斯人的冲突主要表现为立陶宛人对基辅罗斯的图罗夫-平斯克公国、诺夫哥罗德公国及沃伦公国的劫掠性袭击和基辅罗斯王公对立陶宛人的征讨,都是一些规模不大的边界纠纷。1202 年教皇因诺肯季三世批准了立沃尼亚佩剑骑士团规约。佩剑骑士团打算攻占立陶宛的列特戈拉部族并强迫他们信奉天主教,而后佩剑骑士团仅用了10年的时间便占领了列特戈拉,征服了普鲁士人,紧接着面临巨大威胁的便是日穆德人和立陶宛人。在这种严峻形势下,立陶宛人意识到必须把分散的立陶宛各部落联合起来,才能有效地抵抗外敌。

13世纪30年代,立陶宛王公明多夫格开始联合各部落,一步步扩大联合的范围,1248年将大部分立陶宛土地联合统一在自己的领导下并成了立陶宛的大公。在基辅罗斯遭受蒙古鞑靼人的打击瓦解之时,明多夫格趁机吞并了基辅罗斯的格罗德诺、沃夫科维斯克、斯洛尼姆与诺夫哥罗德等土地,并迁都诺夫哥罗德。在丹尼洛执政期间,加里奇亚-沃伦公国与立陶宛发生过多次战事,双方经过多次对战,签订了盟约,立陶宛大公明多夫格与加里奇亚-沃伦公国大公丹尼洛联姻,明多夫格将自己的女儿嫁予丹尼洛的儿子什瓦尔诺,两个公国进入短暂友好期。4年后明多夫格破坏了与丹尼洛的同盟关系,再次抢占了基辅罗斯的土地。1263年明多夫格被一些反对他的立陶宛王公杀害,立陶宛重新陷入了政权纷争的混乱局面。1267年任立陶宛大公的沃伊舍尔克·明多夫格维奇将大公王位让给了姐夫瓦尔诺,瓦尔诺是丹尼洛王公的儿子。由此出现了立陶宛大公国与西乌克兰土地统合在乌克兰王公治理之下的短暂局面。

到1316年,立陶宛上任了一位新的大公格季明,他在位的25年中,逐步统一了整个立陶宛和日穆季,并不断侵占如今属于俄罗斯和乌克兰的土地。1340年,当时的加里奇亚-沃伦公国大公尤利二世被贵族密谋杀害,格季明将自己的儿子柳巴尔特扶上了加里奇亚-沃伦大公的位子,由于他实际只是统治了沃伦公国,因此沃伦公国便落入了立陶宛大公国的统治之下。14世纪末,立陶宛的政权势力已经延伸到黑海,成为当时欧洲最大的国家,并将国家的名称更改为"立陶宛和罗斯大公国"。

立陶宛之所以能够长驱直入,除了拥有强大的军事力量,还与其开明的政策分不开。在扩张过程中,立陶宛人并没有过多地强杀掠夺,而是给予当地一些贵族参与组建新政府的权力,沿用了基辅罗斯的法律,确立了乌克兰人和白俄罗斯人使用的罗斯语、鲁塞尼亚语为政府的官方语言,除此之外立陶宛王族与被他们兼并的基辅罗斯地方王族之间联姻普遍。虽然立陶宛人为异教徒,但在其统治时期并没有统一信仰,并且很多立陶宛人加入了东正教。这注定了立陶宛人比蒙古人受欢迎。

立陶宛在社会与文化发展上相对滞后于基辅罗斯人,人口与土地面积都比基辅罗斯人少。因而在国家组织与管理、社会与宗教等方面,并不是立陶宛人决定基辅罗斯人应该做什么或者说是怎么做,而是立陶宛人从基辅罗斯人那里学习和吸收。立陶宛人自己都曾这样说过:"老规矩我们都不动,也不实行新办法。"在管理方面立陶宛人采取了这样的一种方式:只将大公的最高权力掌握在自己手中,原有基辅罗斯的一系列管理体制全都原封不动保留下来。部分基辅罗斯地方王公替立陶宛政权服务,并与立陶宛贵族一起成为国家的领导阶层,身居要职。在立陶宛和罗斯大公国时期,原有的基辅罗斯语(乌克兰语与白俄罗斯语)仍为官方语言,基辅罗斯的国教在信奉多神教的立陶宛占据了主导地位,特别是在大公国的领导层。就这样立陶宛和罗斯大公国的疆域扩展到了这样一个程度:南端到德涅斯特河与南部格河中游以及第聂伯河下游的沃尔斯克拉河一线,与克里米亚汗国接壤,东端到北顿涅茨河、杰斯纳河与奥卡河中间一线,这相当于昔日基辅罗斯公国领土的一半,立陶宛和罗斯大公国成了当时欧洲最大的国家。

在立陶宛人占领基辅以及今天乌克兰中部地区的同时,波兰也迅速占领了加利西亚和沃伦部分地区并全面入侵立陶宛。波兰的入侵遭到了当地贵族和立陶宛人的顽强抵抗,对于乌克兰人来说,这不仅仅是自己的统治者被另一个民族取代,还意味着统治他们的是另一个宗教信仰和文化背景不同的民族,这必然引起宗教、社会和民族的冲突。

此时东方的莫斯科公国国力日渐强盛,莫斯科公国大公季米特里不愿忍受金帐汗国的统治,与金帐汗国正面对抗,双方战争一触即发。1380 年,在顿河右岸的库里科沃旷野,双方展开了激烈的交战。莫斯科公国以少胜多,战胜了金帐汗国。之后,莫斯科公国气势逼人,试图收复立陶宛统治下的原基辅罗斯的土地。

在这种形势下,当时的立陶宛大公亚盖洛意识到了形势的不利,只有跟波兰联合,才能抵抗莫斯科公国的进攻。立陶宛与波兰两国统治者从各自利益出发,对于两国联合达成一致意见。1385 年,立陶宛大公亚盖洛与波兰女王亚德维亚协议结婚,亚盖洛成为波兰国王,成立新的统一国家,史称"克列沃联合"。

所谓协议结婚,其中的协议就是亚盖洛须承诺用自己的财力收复波兰失去的土地,并答应将立陶宛现有的土地划归波兰王权,大公以及所有立陶宛人改信天主教。之后波兰人为推行天主教,实行只把贵族特权授予皈依天主教的人的政策。这一举措引起了立陶宛和罗斯大公国贵族的极度不满,于是他们推举亚盖洛的堂弟维陶塔斯为新的立陶宛和罗斯大公国的大公,并对亚盖洛进行军事反抗。经过几年的交战,双方于 1392 年停战,亚盖洛承认维陶塔斯大公的身份,以及在立陶宛和基辅罗斯地区的控制权。

维陶塔斯是一位具有雄才伟略的杰出领导人,在他的领导下,立陶宛和罗斯大公国的疆域拓展到了除加里奇亚之外的今天乌克兰中部和西部的大部分地区。之后,在沃尔斯克拉河与蒙古鞑靼军队的激战中遭惨败,维陶塔斯不得不向波兰国王亚盖洛求助,也就再次促成立陶宛和波兰的联合。在维陶塔斯之后的大公提出解除与波兰的联盟,波兰和立陶宛之间的战争也就拉开了帷幕。波兰进一步控制了沃伦、基辅及周边地区。1471 年,基辅以及周边领土正式成为波兰王国的普通行省,结束了任何哪怕是形式上的乌克兰自治权。① 于 14 世纪 20 年代崛起的莫斯科公国,其历代的大公都以统一基辅罗斯东北部的土地为目标以壮大公国的势力。库利科沃战役胜利后,莫斯科公国开始向西部方向挺进,准备从波兰手中收复原属于基辅罗斯的土地。

到 14 世纪时莫斯科公国的大公已经开始在自己的称号中使用"全罗斯"。随着莫斯科公国对基辅罗斯土地的兼并,到 15 世纪末,莫斯科公国的历任大公们在潜移默化中逐渐形成一种观点:莫斯科的王公就是基辅罗斯王朝的继承人,昔日基辅罗斯的土地是属于莫斯科公国的。从尼日涅-诺夫哥罗德于 1401 年归顺于莫斯科公国算起,在此后的 60 年里,莫斯科公国不断对周边公国进行兼并,到莫斯科大公瓦西里二世统治的末年,莫斯科公国已经拥有基辅罗斯东北地区土地的一半,该领土上的公国均处于莫斯科公国的政治军事控制和领导下。到伊凡三世担任莫斯科公国大公时,整个基辅罗斯东北地区已经在莫斯科公国的统治之下,伊凡三世正式自封为"全罗斯君主"。

---

① [美]库比塞克著,颜震译:《乌克兰史》,中国大百科全书出版社 2009 年版,第 35—36 页。

哥萨克运动的兴起

　　相信舍甫琴科的名字对于喜爱文学的人来说都不陌生,他是 19 世纪最著名的乌克兰诗人及艺术家,他的很多经典作品都取材于哥萨克故事,例如他的乌克兰长诗《伊万·彼得科娃》《加玛利亚》等。为什么伟大诗人的许多作品取材于哥萨克人的故事呢?

　　"哥萨克"一词起源于突厥词,在乌克兰大草原上,游牧民族很早就开始使用这个词。哥萨克发源于第聂伯河流域的中部地区,基辅城以南靠近大草原地带。10 世纪中期,居住在这一带的乌克兰人的生活充满了不安定和各种危险因素。在这里得随时面对游牧民族之间的厮杀,这种生存环境迫使生活在这里的人练就了强大的忍耐力,他们骁勇善战,热爱自由。而在乌克兰,"哥萨克"是指"流浪的人""自由人""携带武器的人",并逐渐形成了"干哥萨克"这种说法。在当时对于大多数乌克兰的农民而言,"干哥萨克"是一种生存方式,是一种不固定的营生,包括去荒原野外种地、打猎、捕鱼,袭击鞑靼人牧群,抢劫商人或路人等。一开始只是指一些特定的群体,慢慢地,形成了一个特定的社会阶层。

　　哥萨克人中乌克兰人占大部分,也有小部分波兰人、立陶宛人、白俄罗斯人、摩尔达维亚人、俄罗斯人,甚至还有鞑靼人。其中最基本和稳定的组成部分是边境地区的农民和小市民。随着乌克兰北部、西部农奴制剥削的加重,当地农民的处境越来越艰难,大量农民纷纷逃离地主的庄园,涌入乌克兰的东南部。外来人口的加入,改善了当地的生存条件。哥萨克人自由的生活方式和边疆地区丰富的物资吸引了越来越多的人,因此哥萨克这一群体在数量和声势上也越来越壮大。在当时,哥萨克已经形成一支战斗力极强的队伍,很好地抵御了鞑靼人的侵袭。迫于此,立陶宛和后来的波兰统治阶层默许了哥萨克这个阶层的存在,并把哥萨克当作有效抵御鞑靼人的一支武装力量。

哥萨克人是一批不受政府控制的自由民,他们骁勇善战,热爱自由。人数逐渐增多后,哥萨克人便向第聂伯河下游迁徙,开垦了那里的草原。在第聂伯河下游处错落分布着12处石滩,河水流过这些石障,注入第聂伯河支流的河口处遍布茅草、芦苇、灌木以及沼泽,南部的第聂伯河中有很多石头岛屿。这些天然的险要地理环境成为哥萨克人防御和出击外敌的有利地势。哥萨克人利用这些险障建造了防御工事,历史上称为"扎波罗热塞契"。要塞的周围都设有高高的土围子、堑壕和圆木围墙,并设有塔楼和射击孔。在塔楼上会有哨兵轮流站岗观察周围的动向,一旦发现来犯者便会发出警报。

一开始的扎波罗热营还不足以抵抗土耳其人、鞑靼人,但随着哥萨克力量的不断聚集,其以扎波罗热营为中心将周边塞契连接成了一个庞大坚固的防御体系,从而形成了一股可以有效阻击土耳其人和鞑靼人的军事力量。哥萨克人骁勇善战,对于陆战、海战都有丰富的作战经验,以及很强的攻坚、防守能力。武器装备主要有火枪、土枪、短枪、军刀、长矛、弓箭、火炮等。自此,扎波罗热营便成为哥萨克的主要集中地,也成为哥萨克的象征。扎波罗热营实行的是自治政策,不承认任何官方的统治,营地里人人平等,可以自由加入和脱离,每个人都有权利出席议会(拉达)。哥萨克人的最高领导人称为盖特曼,是由扎波罗热营最高权力机构全军拉达推举产生的。

哥萨克的数量不断增加,塞契的军事实力也随之不断发展壮大,他们不但有效地抵抗了土耳其人和鞑靼人的入侵,还经常出兵袭击土耳其人和鞑靼人,这一切都令立陶宛大公以及后来的波兰-立陶宛共和国的统治者深感不安。为了不让哥萨克威胁到当局的统治并对哥萨克采取有效的控制,1572年波兰-立陶宛共和国的国王西吉兹蒙特二世下令组建了一支300人的哥萨克部队,这支300人的哥萨克部队是作为国家收编的部队,享受国家发放的军饷,于是出现了一类新的哥萨克——册编哥萨克。

之后在1578年,新一任波兰-立陶宛共和国国王斯特凡·巴托里下令组建一支600人的哥萨克部队,并下令赐予册编哥萨克一系列特权:执法权完全属于册编哥萨克的统领,册编哥萨克单独设立法庭,册编哥萨克除服兵役之外免除一切赋税和劳役,拥有土地所有权,准许册编哥萨克随意捕猎和经商。军饷以金钱、呢绒、武器、火药等形式发放。特拉赫杰米洛夫以及由此至奇吉林一带的土地被赐予册编哥萨克,用于农耕、畜牧和捕猎。而作为交换条件,册编哥萨克须拥护政府委派的地主做统领,在没有得到政府允许的情况下不得擅自出兵袭击鞑靼人。一些不愿意接受波兰-立陶宛共和国册编的哥萨克,则沿着第聂伯河继续南下,向更远的荒原迁徙,当时非册编哥萨克的人数有4万至5万。

17世纪初的20多年里,哥萨克在抗击土耳其和鞑靼人的海战和陆战中都取得了辉煌的战绩。而当时的波兰政府对哥萨克的态度摇摆不定,再加上波兰地主的压迫,引起了尖锐的矛盾。16世纪后半期至17世纪前半期,哥萨克与波兰封建地主、贵族之间的矛盾已经到了不可调和的程度,从而引发了激烈的冲突。

　　虽然哥萨克内部包含了各个民族的人,而乌克兰人也并非全都是哥萨克人,但在历史上,哥萨克人被称为乌克兰自由斗争的勇士。他们发起的多次起义在某种程度上帮助乌克兰人获得更多的权利,并捍卫了东正教的社会地位。波格丹·赫梅利尼茨基是乌克兰历史上最有影响力的哥萨克盖特曼。波格丹·赫梅利尼茨基原本有着稳定的生活,当时的他已经50多岁,在册编哥萨克中有一份不错的差事,有妻有儿女,有一个温馨富裕的家。可他为什么会选择起义这种冒险的生活呢?这一切都是波兰封建主和贵族的长期欺压造成的。

　　赫梅利尼茨基与当时新来的波兰国王驻奇吉林的代表帮办波兰小贵族恰普林斯基发生了争吵。恰普林斯基倚仗身后有波兰大封建主撑腰,便趁赫梅利尼茨基外出时,抢占了他的苏博蒂夫田庄,烧毁了他的磨坊,搜刮了他的粮食,打死了他的小儿子,抢走了他的妻子作为报复。赫梅利尼茨基去华沙向当地政府告状讨公道,波兰当局不但没有依法办理赫梅利尼茨基案,反而因为他的不断上告而被激怒,下令将赫梅利尼茨基逮捕,关进了切尔卡瑟监狱。所幸负责关押赫梅利尼茨基的人是他儿子的教父,私下放走了赫梅利尼茨基。逃出监狱的赫梅利尼茨基已经家破人亡、走投无路,这杀子夺妻的仇恨在心中积压,于是他决心与当局进行抗争,要推翻波兰人的统治。

　　波兰的压迫统治已经激起了民怨,赫梅利尼茨基一号召便聚集起了一批饱受迫害、志同道合的人。1648年1月,赫梅利尼茨基对扎波罗热塞契发起了攻击,驻守扎波罗热塞契的卫兵不堪一击,册编哥萨克更是不战而降。赫梅利尼茨基轻松控制了整个扎波罗热塞契,他号召哥萨克们奋起反抗波兰人的封建压迫,为自己的权利而抗争。赫梅利尼茨基的领导才能深得扎波罗热人的拥护,他被推举为扎波罗热塞契的盖特曼。

赫梅利尼茨基以扎波罗热哥萨克盖特曼的名义向全乌克兰发布了命令,号召人们支持扎波罗热军。一场乌克兰历史上规模最大的哥萨克农民起义在赫梅利尼茨基的领导下爆发。这次起义中,哥萨克人大败波兰人,占领了今天乌克兰中部的大部分地区,1649 年占领基辅,并建立了盖特曼政权。短暂的休战后,哥萨克与波兰军队又进入交战阶段,1651 年,哥萨克战败,哥萨克盖特曼的政权仅剩基辅地区,赫梅利尼茨基领导的哥萨克已经无力抵御波兰人的进攻。这个时候,有着同样东正教信仰的北方日渐强盛的沙皇俄国让赫梅利尼茨基看到了希望,双方经过多次谈判,达成协议。这份协议在历史上被称为《佩列亚斯拉夫协定》。

自此,哥萨克效忠于俄国沙皇,哥萨克领导下的今天属于乌克兰的地区接受俄国的保护。俄国沙皇改称为"大俄罗斯和小俄罗斯沙皇"。1654 年开始了沙皇俄国与波兰对乌克兰土地的争夺之战。长时间的交战,使当时生活在乌克兰土地上的人民饱受战乱之苦,沙皇俄国的势力在乌克兰不断扩大,哥萨克的势力范围逐渐缩小,只在小范围内保留了自己的自治权。1657 年 8 月 6 日,乌克兰人心目中的"自由之父""民族英雄",领导乌克兰人民为自由斗争的优秀哥萨克领导——赫梅利尼茨基与世长辞。随着这位英豪的去世,乌克兰再一次陷入了混战中,乌克兰社会内部的纷争,外部国家的干涉,将赫梅利尼茨基生前的胜利成果在短短的 20 年里葬送掉。乌克兰历史上称这个大倒退时期为"大衰败"。

沙俄与波兰为了争夺乌克兰的控制权,于 1660 年夏再一次开战。这场战争一直持续到 1686 年,同年沙俄与波兰签订了《永久和平条约》,沙皇俄国得到第聂伯河左岸地区、基辅南部地区、扎波罗热及北切尔尼戈夫地区,波兰得到基辅北部地区、沃伦和加里奇亚地区，乌克兰被瓜分并分裂为东西两半。沙俄不断吞并哥萨克的控制区，几经浮沉，哥萨克盖特曼政权在 1764 年叶卡捷琳娜二世女皇执政期间被彻底废除。

沙俄政权下的乌克兰

在 18 世纪末至 20 世纪初约 150 年的时间里,乌克兰人及其居住的土地主要处于两个帝国的统治之下:沙皇俄国和奥地利帝国。

随着波兰的逐渐衰落,沙俄与奥地利、普鲁士分别于 1772 年、1793 年、1795 年对波兰进行了三次瓜分,这也就意味着欧洲曾经的第三大国宣告灭亡。通过这三次瓜分,沙皇俄国夺取了白俄罗斯的一部分,波多利、沃伦、布拉茨拉夫、基辅四个省的右岸乌克兰,以及东部沃伦和西部白俄罗斯。沙皇俄国占领了乌克兰 80％的土地,成为最大的受益国。前后延续 226 年的波兰-立陶宛共和国从此覆灭。

1796 年 12 月 6 日,俄国女沙皇叶卡捷琳娜二世去世,这位将俄国的疆土扩展和社会经济发展带入鼎盛时期的女沙皇对于乌克兰来说却是一个灾难。叶卡捷琳娜二世在位的 34 年里,乌克兰丧失了一切形式的自治权利。

沙皇俄国时期,乌克兰土地按照行政区划分为左岸乌克兰、西南边区和新罗西亚三个部分。其中,左岸乌克兰是第聂伯河左岸沿河地区和斯洛博达。第聂伯河左岸沿河地区一直是乌克兰人集中居住的地方。1796 年建制为小俄罗斯省,1802 年又被分作切尔尼戈夫省和波尔塔瓦省。俄国官方称乌克兰为小俄罗斯,称乌克兰人为小俄罗斯人,“乌克兰”这个名称在沙皇俄国时期开始逐渐消逝。

　　斯洛博达前身是莫斯科公国的西南边疆地区,在 16 世纪后半期,当时的乌克兰农民和哥萨克为逃避波兰大地主的压迫,纷纷转移到这片因蒙古人入侵早已荒芜的土地上。这片土地的大部分于 1796 年被划分为斯洛博达乌克兰省,在 1835 年改称为哈尔科夫省。到 18、19 世纪,这一地区的居民总数为 330 万,约占当时乌克兰人口总数的三分之一。

　　西南边区指第聂伯河右岸沿河地区,1796 年被划分为基辅省、沃伦省和波多利省。这一地区依然保留了波兰-立陶宛共和国时期的体制,波兰地主依旧拥有庄园和社会地位,当地政府机构仍然使用波兰语。1832 年,当时的沙皇政府为了压制波兰民族运动,成立了基辅总督管辖区来统辖这三个行省。

　　新罗西亚是南部的草原,之前属于扎波罗热哥萨克和克里米亚汗国,地域非常宽广,占地面积达 18.5 万平方千米,之后被沙俄吞并。1802 年划分为三个行省:叶卡捷琳诺斯拉夫省、塔夫利亚省和赫尔松省。乌克兰南部这片肥沃的土地很快吸引了大批来自第聂伯河的移民,再加上政府的鼓励和优惠政策的实施,更多的农民来到这里开垦种植。1806 年至 1812 年间,沙俄和土耳其之间爆发了战争,沙俄获得了土耳其在德涅斯特河和普鲁特河之间的一块土地,沙俄将其设立为比萨拉比亚省,之后又将该省并入新罗西亚。1828 年又设立新罗西亚-比萨拉比亚总督管辖区。

　　随着拿破仑侵略战争的失败,反法同盟于 1815 年在维也纳重新划分了各自的势力范围。沙皇俄国获得了波兰王国,其中包括乌克兰固有土地霍尔姆地区、波德拉谢地区和波夏尼亚。该地区由于之前的 100 多年都是处于波兰-立陶宛共和国的统治下,基本已经被波兰化。

　　当时的沙俄帝国在今天乌克兰的广大土地上开始推行全

面俄罗斯化的统治政策,按照当时的沙俄帝国社会模式、价值观念以及语言文化重新构建当时的乌克兰社会结构。民族语言可以说是凝聚一个民族最基本的力量,而丧失民族语言也意味着这个民族即将被异族同化从而走向消亡。沙俄帝国取缔了控制区内的波兰语学校,查封了所有希腊天主教会,将其教区转交给了俄罗斯东正教会。将乌克兰语视为"粗俗、低等"的语言,严厉禁止和打压所有乌克兰文的书籍以及教科书的出版。任何表现出对乌克兰文物古迹、历史及文学有兴趣的人都被视作政治上不可靠者,都会受到政府的打压。

现代乌克兰的首所大学于 1805 年成立于哈尔科夫,基辅大学创立于 1834 年,然而这两所大学全都采用俄语教学。除此之外,沙俄帝国还规定所有初等教育也都必须使用俄语。这种政策的推行使乌克兰人完全没有机会了解自己的语言文化,也没有机会使用自己的语言。由于大部分乌克兰人基本是贫穷的农民,他们根本没有能力承担家里子女的教育费用,所以在沙俄帝国统治时期,文盲率居高不下。为了能够在沙俄帝国统治下获得认同,取得事业上的成功,一些拥有土地的贵族、官僚、东正教教会人员、音乐家、画家、作家等社会精英阶层,不得不放弃"小俄罗斯人"的"农民文化",努力融入俄罗斯文化中。所以为我们熟知的果戈理和舍甫琴科,虽然他们都出生在乌克兰的土地上,并且作品中的大量题材也都来源于乌克兰,但他们的大多数作品却是用俄语写就的,像我们熟知的舍甫琴科的自传性小说《音乐家》《艺术家》,以及果戈理的《钦差大臣》《死魂灵》和多部《彼得堡故事集》等。

18 世纪末,沙俄帝国在第聂伯河下游及黑海沿岸地区大力发展经济,当时的俄国女沙皇叶卡捷琳娜二世给予愿意在此地定居的俄罗斯人 4000 英亩土地。于是在第聂伯河下游和黑海沿岸,一批港口城市陆续兴建起来,其中包括今天的第聂伯罗彼得罗夫斯克、扎波罗热、赫尔松、敖德萨等。到 19 世纪末,乌克兰东部地区所产的农产品出口是当时沙俄帝国经济发展的重要支柱,并且该地区生产的小麦占当时沙俄帝国小麦总产量的 90%(占世界总产量的 20%),同时,该地区还生产了大量大麦和甜菜,并逐渐成为沙俄帝国和整个欧洲的粮仓。① 1865 年,铺设了今天乌克兰境内的第一条铁路,这条铁路将粮食产区和港口城市敖德萨连接了起来。铁路建设的发展,促进了当时乌克兰东南部顿巴斯(今天的顿涅茨克)铁矿和煤矿的开发。今天的乌克兰东部地区在 19 世纪末 20 世纪初就已经成为当时沙俄帝国的主要工业中心,工业化兴起的工厂势必需要大量劳动力,但当时大部分乌克兰人还生活在农村,在地主的劳役下束缚着。从外部引进劳动力成了当时工厂主不得不采用的办法,而沙俄帝国成为当时劳动力的主要来源地。到 20 世纪初,东乌克兰地区说乌克兰语的人越来越少,而在行政、文职和贸易部门中讲俄语的俄罗斯族人和犹太人占据主导地位。第聂伯河西岸虽然也在沙俄帝国的统治下,但该地区仍然以传统的农奴制生产方式为主。这两种不同的经济发展形态,很好地解释了今天乌克兰东部和西部两个地区的种族结构、语言习惯和文化心理不同的原因。

众所周知,尼古拉一世是沙俄的最后一个沙皇,当时沙俄爆发了十二月党人起义,尼古拉一世在这种时局下登基为沙皇。他一上任便对十二月党人采取了血腥无情的镇压和屠杀。此时的沙皇俄国已经是风雨飘摇,国内是此起彼伏的反农奴制

---

① 〔美〕库比塞克著,颜震译:《乌克兰史》,中国大百科全书出版社 2009 年版,第 57 页。

群众运动,国外欧洲的革命运动和民族解放运动冲击着沙皇俄国。尼古拉一世为了维护农奴制度和应对专制制度的危机,对任何革命活动都采取扼杀、屠杀的政策。1826 年 7 月,尼古拉一世下令在"皇帝陛下办公厅"下设立第三厅,专门用于惩办革命犯,以及对嫌犯的监视和关押。整个俄国如同一座"大监狱",空气中弥漫的都是恐怖的气息。

尼古拉一世为了进一步杜绝革命思想的传播,加强了对书报的检查和对学校的控制,并于 1826 年 6 月颁布了新的出版检查条例,将社会舆论完全控制在政府的手中。1828 年底实施新的学校条例,对贵族和官吏以外的平民阶层和农民子弟接受教育的机会进行严格限制,普通百姓只能接受一至三年的初级教育。

1831 年 11 月,尼古拉一世在基辅设立了一个统管西部各省事务的专门委员会,并下令将西部生活的一切方面都按照沙俄的标准进行改造。这些地方的学校全部改为用俄语进行教学,在乌克兰地方的高等教育层面也推行沙俄方针。1824 年基辅成立了一所沙皇俄国大学——圣弗拉基米尔大学。建立这所大学的目的就是全面推行俄国化。

沙俄政府推行的一切政策完全是为了将乌克兰俄国化,根本不考虑乌克兰民众实际的生存发展状况,这种残酷的高压统治势必激起民众的反抗。

前文我们说过沙俄同普鲁士、奥地利三次瓜分波兰,沙俄控制了乌克兰所有右岸以及沃伦地区,但乌克兰的西部地区不在沙俄帝国的统治之下。到 19 世纪初,乌克兰西部地区都在以奥地利为首都的哈布斯堡帝国的统治下。哈布斯堡家族在 13 世纪末来到维也纳及奥地利,到 16 世纪才奠定了一个多民族多形态帝国的基础。在 1620 年到 1720 年这 100 年间,奥地利逐渐发展成一个强大的帝国。19世纪之前,哈布斯堡王朝统治下的国家被称作神圣罗马帝国,1804年至1867年被称作奥地利帝国,在1867年与匈牙利达成妥协,帝国变成一个二元君主国,被称为奥匈帝国。与沙俄帝国不同的是,哈布斯堡对生活于这片土地上的人在语言文化和宗教信仰方面都给予很大程度的自由。文化上推行多元化,允许当地的乌克兰人使用和发展自己的语言文化,到1914年,加里奇亚的2500多所小学几乎都使用乌克兰语教学;对宗教实行对等原则,到19世纪末,在历史上才有了真正意义上的"乌克兰人"的称谓,这对整个乌克兰民族产生民族认同感具有非常重要的意义。

在20世纪初欧洲的政治舞台上,各主要国家因为各自利益的冲突,国家与国家之间的矛盾越来越激化,彼此之间的争夺也越发激烈,关系非常紧张。各个国家都想占得先机,因而都竞相扩充本国的军队,增强军事力量,都是一副随时准备开战的备战状态,整个欧洲和世界的局势都陷入一种紧张和动荡不安中。巴尔干在1912年和1913年连续经历了两场战争,经过这两场战争,矛盾在主要资本主义国家进一步被激化。各个国家都想获得更多的殖民地以扩大自己国家的势力范围,欧洲战争一触即发。

1907年以后,各个资本主义国家为了各自国家的利益在欧洲形成了两个敌对的军事集团,一个是"同盟国",由德国、奥匈帝国、意大利组成,另一个是"协约国",由沙皇俄国、法国、英国组成。其中法国与德国、英国与德国、沙皇俄国与德国、沙皇俄国与奥匈帝国之间的矛盾已经到了不可调和的地步。各个国家都摩拳擦掌,欧洲的上空战云密布,一场大规模的战争一触即发。

1914年6月28日,奥匈帝国的皇位继承人弗朗茨·斐迪南在波斯尼亚首府萨拉热窝被塞尔维亚民族主义者刺杀。①这个突发事件便成了战争的导火索,第一次世界大战爆发了。此后,7月28日,奥匈帝国对塞尔维亚宣战,德国在8月1日、3日、4日,分别对沙皇俄国、法国、英国宣战。奥匈帝国于8月6日也对沙皇俄国宣战。这场资本主义国家之间对殖民地和势力范围的争夺战,给被侵略国家的人民带来了毁灭性的灾难。

　　而此时的乌克兰人也处于这场灾难中。因乌克兰的土地分别处于沙皇俄国和奥匈帝国的国土范围内,分处左、右两岸的乌克兰人没有自己的国家,也没有自己的民族利益保护者,只得接受统治者的指挥。沙皇俄国与奥匈帝国之间有尖锐的矛盾,战争爆发后,两国都不惜一切代价想要全面占领乌克兰这片土地。在沙皇俄国军队中参与作战的乌克兰人多达350万,在奥匈帝国军队中参战的乌克兰人有25万,为了各自统治者的利益,乌克兰人陷入了一场民族悲剧中,他们互相拼杀,骨肉相残。第一次世界大战爆发初期,乌克兰变成了主要战场之一,乌克兰人的处境非常糟糕,生活环境遭到了极大破坏。整个战争期间东部战线上的多次大规模、伤亡惨重的战争都发生在加里奇亚境内,加里奇亚境内的人们遭受了这场战争带来的巨大劫难。

　　战争中西乌克兰还发生了这样一件事,俄军进攻时,奥匈帝国中的波兰地方行政当局没有事实依据地向奥匈帝国告发,说许多乌克兰人通敌叛国,是俄国的奸细。这些乌克兰农民和教士被奥匈帝国判处死刑,此外,成千上万的乌克兰人被关进集中营。在集中营中,大部分人也因恶劣的环境死于狱中。另

---

　　①　萨那、孙成木、余定辉:《第一次世界大战史》,人民出版社1979年版,第72—76页。

一方面,沙俄向来不允许任何乌克兰事物的存在,他们在自己版图内取缔了乌克兰语,确定俄语为学校教学语言,打击希腊天主教等。俄国占领加里奇亚和布科维纳后,便将这一系列政策在这边土地上继续实施,摧残破坏当地乌克兰人组织的团体和机构,乌克兰人的图书馆、博物馆、报馆均被捣毁。来自奥匈帝国和俄国双方的迫害和镇压,使西乌克兰人民犹如生活在地狱中。

在第一次世界大战初期,沙皇俄国的国民经济就已经处于崩溃的边缘。这次长达4年零3个月的战争严重削弱了交战各国的国力,进一步激化了俄国国内各个阶层的矛盾,加速了帝国的灭亡。从1915年起,俄国国内接连不断地出现工人罢工和政治示威,广大农民也奋起反抗,拒绝为政府和军队服役,抗拒政府对粮食、饲料和马匹的征用,抗交地租,矛盾越来越激化,直至焚烧庄园、驱赶地主。战场上失利,伤亡惨重,劳动力大量丧失,土地荒芜,饥荒遍野,官僚腐败,广大民众苦苦挣扎在死亡线上,矛盾已经完全激化,1917年,历史上有名的俄国二月革命爆发了,沙皇政权也就此覆灭。

沙俄帝国于1917年灭亡,此时,在沙俄帝国统治下的乌克兰再一次陷入动荡混乱的时期,其中,乌克兰民族主义者于1917年11月在基辅建立了乌克兰人民共和国,而同年12月,在乌克兰东部的城市哈尔科夫成立了乌克兰苏维埃社会主义共和国。之后乌克兰人民共和国和乌克兰苏维埃社会主义共和国之间展开了主权争夺战。到1921年,波兰占领了乌克兰西部的加里奇亚和沃伦地区,捷克控制着喀尔巴阡地区,罗马尼亚占领着北部科维纳和比萨拉比亚南部,而这个时候乌克兰苏维埃社会主义共和国在俄罗斯苏维埃联邦社会主义共和国红军的帮助下控制了前沙俄帝国统治下的乌克兰东部、南部和

中部的大部分地区。1922 年 12 月 30 日,乌克兰苏维埃社会主
义共和国和俄罗斯苏维埃联邦社会主义共和国、白俄罗斯苏维
埃社会主义共和国及外高加索联邦社会主义共和国(包括亚美
尼亚、格鲁吉亚和阿塞拜疆)一起,共同组建了苏维埃社会主义
共和国联盟(简称苏联),①由此开始了苏联统治下的乌克兰时
期。在苏联政府执政初期,为了加强和扩大共产党的群众基
础,乌克兰语得到了推广和普及,并获得了跟俄语一样的社会
地位,作为执政党的乌克兰共产党中,乌克兰裔政府官员人数
越来越多。在此期间,乌克兰语在教育、媒体、艺术等领域都得
到了推广和发展。

　　苏联统治时期,分别经历了列宁、斯大林、赫鲁晓夫、勃列
日涅夫、安德罗波夫、契尔年科、戈尔巴乔夫几位领导人,各位
领导人执政期间对乌克兰的政策有所不同,因此在此期间乌克
兰经济、文化方面的发展可以说是起起伏伏。20 世纪 30 年代,
苏联中央政府决定将乌克兰建成苏联当时重要的工业基地,因
此向乌克兰投入了大量资金,在第二次世界大战爆发之前,乌
克兰地区人民的生活水平有了显著的提高。1939 年 9 月 1 日,
德国法西斯开始进攻波兰,苏联红军以保护波兰境内的白俄罗
斯和乌克兰同胞为理由出兵进入西乌克兰地区,西乌克兰地区
在 1939 年 11 月正式成为乌克兰苏维埃社会主义共和国的一
部分。第二次世界大战期间,乌克兰在各个方面都遭受到了严
重的破坏,在"二战"结束以后面临着全面的重建和恢复。

　　第二次世界大战后,乌克兰迅速重建并恢复工业生产,再
次成为苏联工业经济发展的主力。到 1950 年,乌克兰的工业

---

　　①　任飞:《乌克兰历史与当代政治经济》,经济科学出版社 2017 年
版,第 52 页。

产值已经恢复到了战前水平,但农业生产力水平还是比较低下,再加上 1946 年的自然灾害,致使农业歉收,饥荒又一次笼罩了乌克兰人民,十万人流离失所。而刚刚收复统一的西乌克兰,各方面的发展都很困难,苏联政府于 1949 年在乌克兰地区大范围实施农业集体化,集体化又一次造成了大面积的饥荒,西乌克兰地区的部分农民无法忍受当局的政策开始逃亡,或隐藏在森林中,并组织游击队反抗苏联的统治。

苏联的铁腕领导人斯大林于 1953 年 3 月去世,在他之后赫鲁晓夫成为苏联的最高领导人。赫鲁晓夫的上台给乌克兰带来了很多积极的变化。赫鲁晓夫在 1938 年至 1949 年间曾几次担任乌克兰共产党的领导人,因此他本人把乌克兰看作自己的权力基地,在他领导期间提拔了很多乌克兰干部进入莫斯科的苏联领导层。在政治上他首次将乌克兰地方党政大权交由乌克兰裔领导,同时也将经济权力下放给乌克兰地方,乌克兰地方获得了更多的企业控制权。赫鲁晓夫下令为乌克兰农业注入更多的国家投资,20 世纪 50 年代乌克兰农产品产量和农民收入水平都有大幅度提高,同时在众多艺术领域也给予了乌克兰更大的自由空间。

1954 年 2 月 19 日是《佩列亚斯拉夫协定》签订 300 周年纪念日,为了纪念这一历史时刻,以赫鲁晓夫为代表的苏联当局提出将克里米亚地区划赠给乌克兰苏维埃社会主义共和国。由于赫鲁晓夫的外交失误和内政的失败,党内的保守派试图将其免职,1964 年,在党内保守派的压力下赫鲁晓夫辞去了苏联最高领导人的职务,另一位出身乌克兰的领导人勃列日涅夫成为新一任苏联最高领导人。

勃列日涅夫与斯大林、赫鲁晓夫的领导方式完全不同,他实行集体领导制,依赖自己早先在乌克兰建立起来的支持网。

勃列日涅夫将政治稳定放在首位,正是因为他过于贪图平稳,所以造成了 20 世纪 70 年代苏联经济的停滞和腐败的现象。在勃列日涅夫统治初期,担任乌克兰共产党第一书记的是谢列斯特。谢列斯特推行温和的乌克兰文化政策,他本人也使用乌克兰语,在其领导期间,乌克兰语和乌克兰文化出现了短暂的复兴。谢列斯特由于强力支持推行乌克兰经济与文化的举措,与勃列日涅夫以及莫斯科的苏联领导层产生了分歧,于 1972 年被解除职务。

谢切尔比茨基成为谢列斯特的继任者,他执政期间的乌克兰苏维埃共和国推行强硬的苏联化政策,大肆镇压异议运动,对当局有不同政见的全部逮捕。20 世纪 70 年代,乌克兰民族主义分子和人权活动分子不断遭到逮捕和迫害。与此同时,乌克兰经济一路下滑,连续数年发生自然灾害,过度的集体农场管理模式更是让农业生产雪上加霜。1986 年 4 月 26 日,切尔诺贝利核电站的核泄漏,造成惨烈灾难,对乌克兰乃至整个苏联都产生了巨大的影响。这一事件成为之后推动乌克兰民族主义运动的导火索和催化剂。

1991 年初,随着波罗的海国家宣告独立,昔日的苏维埃社会主义共和国联盟已经表现出了动荡不安。直到 1991 年 12 月 21 日,苏联宣布解体,乌克兰宣布独立,成为独立的主权国家。从此,乌克兰以崭新的姿态出现在了历史的舞台上。

独立的金色三叉戟

　　在苏联末期,整个苏联东欧阵营的民族主义运动都处于蓄势待发的状态,乌克兰地区谢尔比茨基的极端苏联化政策、切尔诺贝利核泄漏灾难、社会经济的低迷、当局政府官僚的腐败等一系列问题,进一步催化了乌克兰的民族主义运动。1989年9月,乌克兰人民争取改革运动(简称"鲁赫")宣告成立。"鲁赫"成立之初是以支持当时苏联最高领导人戈尔巴乔夫提出的"改革"和"新思维"为运动宗旨的,但随着事态的发展以及各方独立运动的推进,"鲁赫"发展成为乌克兰民族运动的先锋。

　　就在乌克兰西部追求独立的运动紧锣密鼓地进行的同时,乌克兰东部也积极响应。1989年夏天,顿涅茨克的煤炭工人们发起了大规模的示威游行,此次游行示威的主要目的是抗议苏联莫斯科中央政府对乌克兰的压榨,抗议政府对乌克兰地区投入过少等。三个波罗的海加盟共和国立陶宛、拉脱维亚、爱沙尼亚于1991年初先后宣布脱离苏联独立,乌克兰东西部在追求乌克兰独立上达成共识,乌克兰民族独立运动进入了新的发展阶段。

　　1991年3月17日,戈尔巴乔夫想通过各加盟国的支持签署联盟条约以维持苏联的存在,苏联举行了新联盟条约的全民公决投票,决定是否支持苏联成为一个"平等主权国家的新联邦"。立陶宛、拉脱维亚、爱沙尼亚、摩尔多瓦、格鲁吉亚和亚美尼亚6国要求完全独立,因而拒绝参加投票。当时担任乌克兰苏维埃共和国领导人的克拉夫丘克在乌克兰地区的选票上增添了一个问题,即"你是否同意在《乌克兰主权国家宣言》的原则下成为苏维埃主权国家联邦的一员"。在 9 个参与投票的加盟国中,78％的选民赞成保留苏联。在乌克兰地区,有超过80％的具有选民资格的公民参与投票,其中有 70.5％的选民投票支持保留苏联,对于克拉夫丘克增加的问题有 80.2％的人投票给予了肯定。

1991 年 8 月 19 日,苏联共产党保守主义势力和警备部队成立了国家紧急事务委员会,软禁了还在黑海度假的戈尔巴乔夫,这就是苏联历史上有名的"8·19"事件。叶利钦在这场政变中登上历史舞台,他在躲过保守主义势力的逮捕后在苏联议会前集结了民主派和反对派,得到了苏军的支持,从而平息了这次政变。克拉夫丘克看清了局势,当即宣布退出苏共中央和乌共中央。1991 年 8 月 24 日,乌克兰最高苏维埃以 346 票对 1票通过"独立宣言",8 月 24 日被确立为乌克兰独立日。1991年 10 月,乌克兰最高苏维埃正式拒绝签署《苏联加盟共和国经济合作条约》。1991 年 12 月 1 日,乌克兰举行了独立全民公决和选举第一届总统的投票,符合条件的 3700 多万选民中,84％的人参与了投票,其中 90％以上的人赞成乌克兰脱离苏联,成立独立的国家——乌克兰共和国(各地区得票率分别为:西部97％,中部 95％,东部 88％,南部 87％)。[1] 12 月 8 日,克拉夫丘克、叶利钦、斯坦尼斯拉夫分别代表乌克兰、俄罗斯、白俄罗斯在明斯克签署了《别洛韦日协定》,同意分解苏联,各自成立独立国家联合体。1991 年 12 月 21 日,苏联宣布解体,乌克兰

---

① Taras Kuzio , Andrew Wilson. *Ukraine*: *Perestroika to independence*. New York: St. Martin's 1994, p. 187-189.

获得了独立。

乌克兰在 1991 年 12 月 1 日进行了乌克兰第一任总统的选举。这次选举共有 6 名候选人参与竞选,主要在"激进"的右翼力量和"稳健"的右翼力量之间进行,右翼力量没能推选出统一的参选人,切尔诺维尔、卢克扬年克、尤赫诺夫斯基等人均代表右翼力量独立参加竞选。克拉夫丘克作为左翼力量的唯一候选人参与竞选,另外他本人还拥有前乌克兰共产党第二书记的背景,最终,克拉夫丘克成功当选为乌克兰的第一任总统。乌克兰开始走上了构建国家、稳定政治、发展经济、开展国际合作的漫长历程。

乌克兰国徽

乌克兰国旗

乌克兰确立蓝黄两色旗为国旗,基辅罗斯时代常用的三叉戟为国徽的主图案,确立《乌克兰仍在人间》为国歌,主要宗教为乌克兰东正教。

三叉戟是一种多见于神话的长柄兵器。本为希腊神话中海神的武器。它的外形和长柄的鱼叉相似,中间刺较长而两侧的较短。乌克兰国徽是一枚蓝色的盾徽,上面有一柄金色的三叉戟,在历史上,金色三叉戟是古代基辅罗斯的标志,体现了乌克兰民族悠久的历史发展的连续性;如今这一国徽已成为为乌克兰国家与民族的复兴而斗争的标志。

克拉夫丘克执政期间采取了一系列强化国家和乌克兰民族的措施。在全乌克兰境内大力推广乌克兰语,学校和媒体也开始大力宣传乌克兰独特的民族文化。但在此期间,乌克兰的经济发展并不乐观。1992 年,乌克兰脱离俄罗斯主导的卢布区后,国内出现恶性通货膨胀,国家经济及国民生活水平一落千丈。克拉夫丘克的总统任期本应到 1996 年,但迫于国内政治、经济、社会的多重危机,他不得不提前结束任期,于 1994 年举行议会和总统选举。1994 年 3 月 27 日至 4 月 10 日举行了乌克兰独立后的首次最高拉达议会选举。同年 6 月 26 日,乌克兰举行了第二届总统选举,参加总统竞选的有 7 名候选人,经过第一轮选举只剩下克拉夫丘克和库奇马进入第二轮的角逐,经过第二轮投票,库奇马以 52.2% 的得票率击败了克拉夫丘克,当选为乌克兰的第二任总统。

1994 年库奇马出任总统后,在总统和议会之间,围绕经济和政治改革问题产生了巨大的分歧。库奇马在与议会长期的对峙后,运用"全面公决通过一项授权可以解散议会"的法律,打破了政治僵局。1996 年 6 月 28 日最高拉达议会通过了以总统—议会制为基本原则的新宪法,从而结束了乌克兰独立 6 年来的制宪斗争乱局。该宪法确立了三权分立的原则,在民主、法律、人权、自由以及人民至上的原则上,规定了总统、议会、政府的各自权限和相互制约关系,对法院、检察院等司法机构的职能和权限,武装力量在国家政体中的地位和作用,地方政权以及地方自治等问题,都在宪法中做了相应的规定。除此之外新宪法赋予了总统更多的权力,总统有权任命和解除总理的职务。根据政府总理的提议,总统负责任命和解除内阁成员、其他中央权力机构及国家行政管理机构负责人的职务。政府隶属于总统领导,如果出现议会连续两次否决政府施政纲要的情况,总统有权提前解散议会,组织举行新的议会选举。虽然宪法赋予了议会在一定条件下弹劾总统的权力,但规定只有在宪法法院认定总统有严重犯罪的情况下,议会才能对弹劾总统提案进行表决,并规定须获得 2/3 以上支持票,弹劾才能生效。随着库奇马权力的扩大,他并没有有效地使用手中的权力发展乌克兰的经济和政治,而是任人唯亲发展自己的裙带关系,与总统有关的政治精英们利用手中的权力大肆侵吞国家财产,腐败贪污成风。

在库奇马的总统任期内,乌克兰内部政治斗争表现出明显的贫富相争的现象。库奇马本人在寡头利益集团的推动下,毫无原则地推行私有化,使国家的大量资产资源落入寡头们个人手中。1999 年 11 月,乌克兰举行了第三届总统选举。库奇马在东部寡头利益集团和西部民族主义者的支持下以56.3％的支持率战胜乌克兰共产党第一书记西蒙年科,获得连任。在此次总统选举之后,乌克兰的国内政治力量发生了新的变化,库奇马的主要支持力量东部寡头利益集团和西部民族主义者开始参与国家权力的分配。

在库奇马的第二次总统任期内,库奇马及其亲信变本加厉地牟取国家经济利益,整个乌克兰的社会矛盾越来越激化,直到"库奇马门"(录音带丑闻事件)的暴露。该事件发生于 2000 年 11 月 28 日,批评者莫罗兹指控库奇马下令杀害报道过政府滥用职权的记者格奥尔基·贡加泽,并提供一盒录音带作为证据。此后,越来越多的关于库奇马选举舞弊、威胁法官和地方官员、洗钱等犯罪录音被公布。"库奇马门"在乌克兰国内和国际上都产生了很大的影响。2001 年 3 月 9 日,乌克兰爆发了大规模的反对库奇马的游行示威活动,政党中也出现了很多反对的声音。2004 年 4 月,乌克兰议会否决了库奇马试图修改宪法以达到自己第三次连任总统的目的。为了维护自己的利益,库奇马决定找一个忠于自己的继任者,他将目光投向了来自乌克兰顿涅茨克的时任总理亚努科维奇。

2004 年 10 月 31 日,乌克兰举行第四届总统选举,经过一番角逐,第一轮以尤先科代表的"我们的乌克兰"和时任总理亚努科维奇胜出,得票率分别为 38.87% 和 39.32%。在第二轮的竞选中,亚努科维奇以 49.46% 的得票率胜出。但反对派对于这个选举结果表示了强烈的抗议,并质疑选举的公正性,发动了上百万支持者在基辅和中西部各主要城市进行抗议示威活动,全国爆发了"橙色革命"。同时美国和欧盟对乌克兰执政当局不断施加压力,威胁冻结乌克兰寡头的海外资产,库奇马方的部分第聂伯罗彼得罗夫斯克集团寡头和顿涅茨克集团寡头迫于形势不得不放弃对亚努科维奇的支持。2004 年 12 月初,乌克兰宪法法院对第二轮选举做出无效裁决,于 12 月 26日重新举行总统选举的第二轮投票,尤先科以 51.99% 的得票率击败亚努科维奇,"橙色革命"取得了胜利。

2005 年 1 月 23 日,尤先科宣誓就任乌克兰第四任总统。24 日,尤先科提名季莫申科为乌克兰新一任总理。但这位政坛"铁娘子"的总理生涯只有短短的 7 个月。同年 9 月 8 日,尤先科以"政治缺乏团队精神"为理由解散了季莫申科政府,而后任命自己的亲信,时任第聂伯罗彼得罗夫斯克州州长的叶哈努罗夫为总理。昔日"橙色革命"的政治盟友尤先科与季莫申科从此反目,季莫申科宣布所在政党"季莫申科联盟"成为议会反对派。

2006 年 1 月 1 日,乌克兰正式实施宪法改革方案,乌克兰政体由总统—议会制转变为议会—总统制。此项法案实施后,总统的权力被削减,议会的权力得到了相对的扩大。议会多数派负责组建内阁,总统仅有提名外长和国防部长的权力,其他内阁成员人选由总理提名,议会批准任命,同时议会还拥有解散政府的权力。2006 年 3 月 26 日,乌克兰在政体改革后举行首次最高拉达选举,经过一番投票后,最终亚努科维奇领导的地区党获 186 个席位,季莫申科集团获 129 个席位,尤先科领导的"我们的乌克兰"党获 81 个席位,社会党获 33 个席位,共产党获 21 个席位,以上政党进入新一届议会。此后乌克兰的政局几经动荡,政府总理更替撤换了多次,这种闹剧般的政治局面一直持续到了下一轮的总统竞选。

2010 年 1 月 17 日,乌克兰举行了独立以来的第五次总统大选。在本次总统选举中,亚努科维奇和季莫申科成了总统候选人中的热门人物。在第一轮投票中亚努科维奇的得票率为 35.76%,季莫申科为 24.72%,而尤先科只有 5.33%,亚努科维奇和季莫申科进入第二轮投票选举。2010 年 2 月 7 日举行第二轮投票选举,亚努科维奇获得了 48.95% 的得票率,季莫申科为 45.47%,亚努科维奇赢得了选举的胜利。2 月 25 日,亚努科维奇宣誓就职,成为乌克兰第五任总统。

2014 年寒冷的冬天

亚努科维奇执政初期,与先前的尤先科相比,乌克兰的政治局面基本稳定。虽然签署发布的一些政策引发了反对党和中西部地区民众的抗议,但并没有发生频繁解散议会和更换内阁的情况。直到 2013 年 11 月 21 日,乌克兰政府决定暂停《乌克兰与欧盟联系国协定》的准备工作,转而加强与俄罗斯等其他独联体国家的经贸关系,这一决定引发了反对派的强烈不满与抗议。11 月 24 日,反对派组织 5 万名乌克兰人聚集在首都基辅市中心的独立广场上,他们在广场上搭起了帐篷,砌起了砖垒,抗议亚努科维奇政府暂停与欧盟签署联系国协定。

这场抗议示威活动持续了数月,到 2014 年 1 月 19 日,局势进一步恶化。当天下午反对派在独立广场举行集会,抨击议会通过的法律违反宪法和侵犯人权。会议结束后大批示威者前往议会抗议,途经格鲁舍夫斯基大街北口遇到警察用轿车组成的路障无法通过,与警方发生冲突,数辆警车被示威者烧毁,十几人在此次冲突中受伤。抗议示威活动逐步升级,发展成了大规模暴力流血冲突。

美国、欧盟针对乌克兰的局势不断向亚努科维奇施加压力,亚努科维奇决定向反对派做出让步,希望能够缓和国内紧张的政治局势。2014 年 1 月 28 日,亚努科维奇签署了总理阿扎罗夫的辞职和解散政府的总统令,最高拉达通过"大赦法案"。亚努科维奇政府做出的一系列妥协和让步并没有缓解局

2014 年冲突后的独立广场

势,也没有换来反对派的积极回应,而是促使反对派不断发起新的示威抗议活动。2 月 18 日,就在"大赦法案"刚刚实施生效之时,示威者与警务人员再次发生暴力冲突,大量人员伤亡。双方的武装冲突愈演愈烈,到 19 日已经有 25 人在冲突中丧生。

美国和欧盟继续不断向亚努科维奇施加压力,要求亚努科维奇再次对反对派做出妥协让步,同时乌克兰的众多寡头为了保证自己的海外资产安全也不断向亚努科维奇施加压力。亚努科维奇迫于来自各个方面的压力,不得不再次向反对派做出妥协。2 月 21 日,亚努科维奇与反对派的代表在基辅签署了危机和解协议。协议的内容包括提前进行总统选举、组建联合政府、修改宪法。乌克兰议会在反对派议员的主导下,通过了恢复 2004 年宪法修正案的议案,乌克兰的政体再次回归到议会—总统制。反对派逐步掌控了最高拉达,议会通过了解除亚努科维奇总统职务,以及释放前总理季莫申科等决议,并宣布将于 2014 年 5 月 25 日提前进行乌克兰总统选举。

乌克兰最高拉达的这一系列决议引发了多个地区的抗议,克里米亚共和国议会于 2014 年 3 月 1 日发表声明,不承认乌

2014 年独立广场冲突中被烧毁的市政府大楼

克兰最高决议的合法性。此后克里米亚举行了全民公投,超过96％的投票者赞成克里米亚加入俄罗斯联邦。3 月 17 日,克里米亚议会通过决议,宣布克里米亚为主权独立国家,提出以新的自治主体身份申请加入俄罗斯联邦。

　　克里米亚公投入俄后,乌克兰东南部的顿涅茨克、哈尔科夫、卢甘斯克、敖德萨等多个地区,纷纷要求独立。乌克兰继基辅独立广场冲突之后进入新一轮动乱,东部地区的局势越来越紧张,抗议活动逐渐演变成了武装对抗。东部地区政府军队与反政府民间武装力量之间的武装冲突不断升级。就是在这种背景下,2014 年 5 月 25 日,基辅举行了第六届总统选举,进入最后角逐的是乌克兰"巧克力大王"波罗申科和前不久刚被释放出来的"铁娘子"季莫申科,最后波罗申科以 54.7％的得票率获胜。2014 年 6 月 7 日,波罗申科正式宣誓就职,成为乌克兰独立后的第六任总统。

波罗申科

　　波罗申科就任乌克兰总统后,当即下令继续增派军事力量对东部提出独立的顿涅茨克和卢甘斯克进行武力镇压,双方冲突规模不断扩大,扩展成了局部战争。乌克兰的问题引起了国际组织的关注,其中,美国众多议员、官员和媒体呼吁时任美国总统的奥巴马以军事武装干涉乌克兰,此时整个欧洲预感到一旦美国干涉,其中暗藏着全面升级地区性战争的危险,于是德国、法国、俄罗斯等国一致决定督促乌克兰交战双方尽快达成停战协定。2015 年 2 月 12 日,乌、俄、德、法四国领导人在白俄罗斯首都明斯克会晤,对解决乌克兰危机达成共识,并签署了《新明斯克协议》。协议签署后乌克兰东部的局势得到了缓和和控制,但是民间武装与政府军间的小规模冲突仍时有发生,要达到全面的和平稳定,乌克兰政府还需要做更多的努力。

中篇

岁月给乌克兰的馈赠

大自然的馈赠

　　乌克兰是一个命途多舛的国家,也是一个富饶美丽的国家。虽然经历了那么多的灾难,但这些都无法掩盖它的美丽。如今的乌克兰国土面积60.37万平方千米,是欧洲国土面积第二大的国家。东西跨度约为1300千米,南北900千米,大部分为平原或平坦无树的大草原,草原地带肥沃高产的黑土地,为乌克兰赢得了"粮仓"的美称,也意味着农业生产是乌克兰的主要国民收入之一。粮食多产少不了水的灌溉,乌克兰境内大小河流大约有73000条,其中被我们熟知的有第聂伯河、多瑙河、德涅斯特河等。除了众多的河流,乌克兰境内的大小湖泊数量也很可观,大约有2万个,淡水蓄水量达20多亿立方米。乌克兰最大的湖泊为德涅斯特罗夫斯基湖,面积为360平方千米,斯维佳斯科耶湖是最深的湖,水深58.4米。乌克兰只有东南部黑海沿岸地区属于亚热带气候,其余大部分地区均属于温带大陆性气候。

　　乌克兰自然资源丰富,其中煤炭探明储量为341.53亿吨,占全球煤炭总储量的3.5%,居世界第七位,探明的石油储量为5410万吨,天然气储量为11037亿立方米。同样地,乌克兰矿产资源也非常丰富,已探明有80多种可供开采的富矿,锰的已探明储量为1.4亿吨,基础储量5.2亿吨,占世界锰总储量的32.6%,居世界第一位。铁矿的全国已探明储量为200亿吨,占世界总储量的11.3%,居世界第三位。钛铁矿已探明储量为

590万吨,占世界总储量的2%,居世界第七位。除此之外,像金红石、汞矿、锆石、钾盐等储量都居世界前列。丰富的土地资源一直是乌克兰人民的骄傲,乌克兰的黑土地占世界黑土总量的30%。乌克兰全国土地面积为60.37万平方千米,用于农业耕地的面积为42.10万平方千米,约占全国土地面积的70%,乌克兰是世界上农业用地比重很高的国家之一。森林占乌克兰国土面积的15.9%,跨越三个植被带——森林沼泽带、森林草原带和草原带。森林面积为9.49万平方千米,在欧洲国家中排名第八位。乌克兰有自然保护区和天然国家公园23个,面积为0.77平方千米,其中,自然保护区14个,地球生物层保护区3个,天然国家公园6个。在克里米亚半岛南部黑海沿岸约10千米的狭长地带,具有独特的自然景观,落叶林与常绿的草地灌木丛并存。优美的环境、温和的气候,使乌克兰成为世界著名旅游度假胜地之一。其主要树种有松树、柞树、云杉、冷杉、椴树、白桦树等。

乌克兰约有3万种植物,植物资源丰富。其中,藻类植物约4000种,菌类和黏菌类植物15000种以上,苔藓类植物1000多种,导管植物4000多种。乌克兰的动物资源也极其丰富,包括黑海、亚速海领海水域在内,大约有44800种动物。

现代政体的组成

乌克兰全国共计有 460 个市、885 个城镇和 28385 个农村。基辅是乌克兰的首都,位于乌克兰中北部,坐落在第聂伯河中游两岸,是全国的政治、经济、文化、科学中心,其重要的地理位置和悠久的历史自古罗斯时期就有记载,曾有"罗斯诸城之母"之称。哈尔科夫是乌克兰的第二大城市,位于哈尔科夫河、洛潘河和乌达河汇流处。最早由哥萨克人建于 1656 年,18 世纪到 19 世纪成为当时俄国最重要的集市贸易中心。第一次全乌克兰苏维埃代表大会于 1917 年 12 月 24 日在哈尔科夫召开,1919 年至 1934 年间,哈尔科夫是乌克兰苏维埃社会主义共和国的首都。第聂伯罗彼得罗夫斯克建于 1776 年,是乌克兰东南部地区科技文化和政治经济中心,到 20 世纪初期成为乌克兰主要工业中心之一。利沃夫由加里奇亚大公丹尼洛于 13 世纪创建,以他自己的儿子利沃夫命名。利沃夫位于中欧、东欧通向黑海和波罗的海港口的交通要道上,其城市文化融合了东方拜占庭文化和西方罗马文化,因此其以文化的多元闻名于世。除此之外,利沃夫被来自世界各地的游客称为"乌克兰的巴黎""乌克兰的佛罗伦萨"。现如今,利沃夫是乌克兰西部地区的政治、经济、文化、教育中心。敖德萨位于德涅斯特河流入黑海的入海口附近,建于 1415 年,是黑海沿岸最大的港口城市和工业、科学、文化、旅游中心,是整个乌克兰南部地区的政治、经济和文化中心。

乌克兰实行的是三权分立的政治原则,即国家的立法、司法和执政权力均按宪法的规定各自实施。宪法确定乌克兰为主权独立、民主的法治国家,实行共和制。总统为国家的最高元首;最高拉达为立法机关;内阁为行政机关,对总统负责。乌克兰议会实行一院制,称为最高拉达,是国家最高立法机关,最高拉达的议员法定人数为450人。最高拉达的成员由直接普选产生,任期4年,可连选连任。总统选举采用无记名投票的直接的平等普选方式,任期为5年,同一人任总统职务不能超过连续两届(10年)。而政府总理由总统提名,议会批准后方可上任。

乌克兰议会是乌克兰唯一的立法权力机关。议会与总统、政府、司法机关各有权限,同时相互制约,相互监督。议会议员不得有另外的代表委任状。议会议员享有豁免权。议员对投票结果以及在议会和其他机构的发言不负法律责任;议员未经议会同意不得交法院审判,不能被拘留或逮捕。

议会有很广泛的权限。这种权限主要有:

(1)立法权:对乌克兰宪法进行修改;通过各类法案。

(2)预算审批权:批准乌克兰的国家预算并修改预算;监督乌克兰国家预算的执行,通过关于国家预算的执行报告的决议。

(3)监督权:审议并通过关于赞同乌克兰内阁活动纲要的决议;听取乌克兰总统每年度和非例行的关于乌克兰的对内和对外政策咨文;根据宪法对乌克兰内阁的活动进行监督;批准乌克兰关于向外国和国际组织提供借款和经济援助以及乌克兰从外国、外国银行和国际金融组织获得乌克兰国家预算未加规定的借款的决定,对借款的使用进行监督。

(4)人事权:弹劾总统;批准总理、内阁成员、央行行长、总

检察长、安全总局局长、国家反垄断委员会主席、国家电视广播
委员会主席、国家不动产委员会主席的任命及解除上述人员
职务。

这里的人们

　　乌克兰是一个多民族国家,在乌克兰大地上居住着大约130 个民族,其中乌克兰族约占全国总人口的 72%,占第二位的是俄罗斯族,占总人口的 20%左右,其余为白俄罗斯族、犹太族、克里米亚鞑靼族、摩尔多瓦族、波兰族、匈牙利族、罗马尼亚族、希腊族、德意志族、保加利亚族等民族。虽然是一个多民族国家,但乌克兰人口总数并不是特别多。1991 年乌克兰宣布独立时,人口总数为 5194 万,而到 2018 年时为 4462 万。从中可以看出乌克兰的人口呈现负增长趋势。人口负增长的主要原因是人口出生率下降,死亡率上升,还有就是大量人口外移,尤其是 2014 年的内部武装冲突后,大量乌克兰人离开故土移居国外。

　　乌克兰宪法规定,乌克兰官方语言是乌克兰语。而在苏联时代,俄语是实际上的官方语言,也是使用最为广泛的语言,特别是在乌克兰的东部和南部。2001 年人口普查显示,67.5%的人宣称乌克兰语为自己的母语,29.6%的人宣称自己的母语为俄语。大多数受访者出生在乌克兰,俄语是其第二语言。不同地区的调查结果存在明显的差异,即使是很小的一个问题,在不同地区也会有不同的答案。在乌克兰西部,乌克兰语是主要使用语言(比如利沃夫);在乌克兰中部,城市居民中乌克兰语和俄语通用,像首都基辅,农村地区则主要使用乌克兰语;在乌克兰东部和南部,俄语主要用于城市,农村地区则主要使用乌克兰语。

苏联时代乌克兰的大部分地区说乌克兰语的人一代比一代少,到20世纪80年代中期,在公共生活中使用乌克兰语的人数大幅减少。独立之后,乌克兰政府开始推行乌克兰化政策,推广乌克兰语,同时俄语已经被禁止或限制在媒体和电影中使用,这意味着俄语节目需要乌克兰语配音或乌克兰语字幕。在苏联时期,俄语学校大约占九成,乌克兰语学校只占一成,现在这种情况已经截然不同。在出版物和媒体上,乌克兰语占有明显的优势。①

乌克兰人是很纯正的斯拉夫人的长相,典型的金发深目。同西欧国家拥有来自世界各地不同肤色的人口相异,乌克兰很少有外来移民。乌克兰人的性格坚强而温和,虽然常常不苟言笑,但也不失开朗、热情好客的一面。受教育水平较高的知识分子,非常注重自己的言行举止,通常都表现得儒雅有风度。在乌克兰人的人际交往中,即使是经常在一起的非常熟悉的人,在见面的时候也要点头致意或者用手势互相打招呼。在乌克兰的一些地方,小孩见到长辈时都会躬身向长辈问候,以表达对长辈的尊敬;而成年人则通常是蹲下身来同小孩谈话,以表达对孩子的关爱。在乌克兰,大人在孩子面前争吵被认为是一种不体面、失态的行为。除此之外还要说明的是,握手和拥抱也是乌克兰人见面时最普遍的打招呼方式。男士与男士之间握手通常应该比较用力,如果握手时软弱无力,会被对方误解为你没有意愿与其交朋友,也会让对方觉得你的态度不够诚恳;男士与女士之间,男士应等女士先伸出手,再与其握手;女

---

①　谭武军:《高考只准用乌克兰语 俄语在乌克兰地位急降》,《环球时报》2009年1月13日。

士与女士之间，见面时可相互拥抱、互贴面颊；男士与关系比较亲密、熟悉的女士见面时可以相互拥抱、亲吻面颊；与小姑娘见面时，长辈可亲吻其额头或脸蛋。在日常生活中，男士们都会表现得非常绅士，特别是生活中的一些小细节处，如上下车和上下飞机时，男士通常都会让女士先行；出门在外时，丈夫都会挽着妻子，恋人之间则喜欢牵着彼此的手。

在乌克兰，人与人之间的称呼也非常讲究。乌克兰人的名字跟俄罗斯人一样是由"名字＋父称＋姓"构成。初次见面的陌生人，一般称呼对方为女士、先生。在与乌克兰人初次结识相互介绍时，应该仔细留心对方是如何介绍自己的称呼的，这表明对方想告诉你如何称呼他最合适。乌克兰人在日常交流中，一般不会单独用姓来称呼对方，除非并不了解对方的全名只知道对方的姓，即使这样，在称呼时也不会只喊对方的姓，而是会在姓之前加上"先生"或者"女士"等称谓。如果对方介绍时用了全称，就可以用"先生＋姓"或者"名字＋父称"来称呼对方，其中前一种称呼方式比较郑重，后一种称呼方式则显得关系比较亲近，有利于拉近彼此之间的距离。还存在一种可能就是如果对方用"名字＋父称"介绍自己，也表明对方年龄比你大，希望你这样称呼他。如果对方用小名或者爱称介绍自己，说明对方年龄比你小，或者是同龄人，也表示对你的亲近。小名一般都是亲近的人之间的亲密称呼，像父母对子女，兄弟姐妹之间、夫妻之间、好朋友之间互相称呼就常用小名。如果跟对方已经十分熟悉，在交谈中，想用"你"来称呼，需要事先征得对方的同意以表示尊重。与乌克兰人相识之后，如何进行友好的交谈呢？初次交谈的入门话题最好是天气，但"身体怎么样"的问候无论对方身体健康状况如何都不适宜说，可能会引起对方的反感。双方熟悉之后可以使用诙谐幽默的话语作为聊天开头的问候语,这会让对方觉得你充满活力。

　　各个民族都有自己独特的民族传统服饰,乌克兰人也不例外。乌克兰男士传统服装多为衬衫和长裤,外罩坎肩,裤脚塞进长靴里,衬衫衣摆塞进裤腰里,扎较宽的腰带,头戴样式不同的便帽。女士民族传统服装大都呈流线型,样式很独特,多为浅色衬衫,袖口、领子、肩部、胸部及衣襟等处绣有各种花纹图案;下穿裙子,或扎花围裙;有的会在颈上挂几串彩色的珠子。除此之外,年轻姑娘们还会头扎彩带、围巾或花头巾,节日时会戴用鲜花或者树枝编成的花冠;已婚的妇女则头戴包发帽或者扎花头巾。不同地区的服饰花纹样式和颜色也不相同。花纹具有不一样的寓意,红色在乌克兰代表爱情,黄色代表太阳,而花朵则代表多子多福。

身穿乌克兰民族服装起舞的乌克兰人

　　现今的乌克兰,每逢节日或举行社会活动时,在广场或者街道上都会看到身穿各式各样民族服装的乌克兰人载歌载舞,以独有的方式进行庆祝。平时在一些旅游景点也会看到一些出售乌克兰民族服装的小摊位。在基辅郊外的民族村博物馆,一年四季都有身穿民族服装生活和工作的乌克兰人,他们还会向游客介绍乌克兰的民俗、民情、文化和历史。

乌克兰国定假日与节日

日 期	名 称	由 来
1月1日	新年	西历新年
1月7日	圣诞节	基督教节日,纪念耶稣诞生
1月22日	统一日	纪念东西乌克兰合并
3月8日	国际妇女节	国际节日
5月1日	国际劳动节	国际节日
5月9日	胜利日	庆祝第二次世界大战中击败德意志第三帝国和欧洲战事结束
6月28日	乌克兰行宪纪念日	纪念于1996年颁布的独立后制定的第一部宪法
8月24日	乌克兰独立日	纪念1991年8月24日宣布独立
8月24日	基辅自由日	纪念从德军手中光复基辅
11月3日	乌克兰火箭兵和炮兵部队建立日	纪念乌克兰火箭兵和炮兵部队建立

舌尖上的乌克兰

乌克兰人的饮食习惯与俄罗斯、白俄罗斯、波兰、捷克等中东欧国家基本相同,主要以面食、稻米为主食,喜欢吃面包。在这里要特别介绍一下乌克兰的黑面包。黑面包富含膳食纤维,常吃黑面包可以产生一种人体自身很难合成的酶,这种酶能代谢掉人体多余的脂肪,降低人体胆固醇含量,减少动脉硬化和胃病的发生。除此之外,乌克兰的美食还有薄饼、猪肉、咸鱼等,食物制作方法以烤、煎、炸以及腌制为主,口味偏重甜、酸,只能适应微辣。乌克兰人一年四季常吃土豆、卷心菜、洋葱、胡萝卜、酸黄瓜、奶酪、牛奶、酸奶油等,夏天的时候吃蔬菜和水果比较多,冬天因为天气的原因,当地很少有新鲜的蔬菜和水果,只有在节日里才会偶尔在饭桌上见到新鲜的蔬菜和水果。按照乌克兰的饮食习惯,午餐和晚餐通常有三道菜,第一道和第二道菜为主菜。第一道菜是热汤类,如土豆汤、红菜汤、肉汤、鱼汤等;第二道菜通常是肉、鱼、鸡、鸭、蛋制品做成的煎猪排、煎牛排、炸鱼排、肉饼、炸鸡、苹果填鸭、填馅炸鱼、瓦罐牛肉等;第三道菜通常是水果、甜点或饮料,饮料通常有咖啡、茶。在上第一道菜前有时会有冷盘,如沙拉、鱼子酱、火腿、奶酪。面包主要配合第一道菜食用。乌克兰民族在美食烹饪上是独具特色的,像乌克兰红菜汤、鸡脯肉饼、首都沙拉、苹果填鸭都是受人称赞的乌克兰美食。除了这些为人熟知的菜式之外,当地人还特别喜欢吃一种热气腾腾的甜馅饺子,这种饺子的馅通常是用奶渣或樱桃做成的,饺子煮熟后蘸着酸奶油调料吃,可以说是别具风味。还有一种在乌克兰被称为国粹的美食——"萨洛",该食物是用乌克兰大肥猪的肉腌制而成的,这种肉肥而不腻,是乌克兰餐桌上必备的开胃菜。它有两种吃法:一种是腌成咸猪肉,一般以肥肉居多,配上洋葱和伏特加吃;另一种是做成猪油状的食物,拌上盐、大葱,配着黑面包一起享用。如今在乌克兰的各大城市都开设了独具特色的风味餐厅,其中基辅的"乌克兰家庭餐"连锁餐厅、"皇村"、"PELVAK"饭店,以及位于基辅市中心的"双鹅"快餐店,环境优美,服务一流,都是本地市民和外来游客品尝正宗乌克兰美食的首选之地。

乌克兰人跟其他欧洲国家居民一样主要喝红茶和咖啡,但在夏季,街头会出售一种饮料——格瓦斯。格瓦斯是一种用面包发酵酿制的饮料,每当夏季来临时,大街小巷都会看到出售格瓦斯的小货车。除了格瓦斯,夏季另一种畅销饮品便是散装啤酒。这些都是乌克兰人消暑的主要饮品。节日里,男士多喝伏特加(酒精含量一般为 40 度)、白兰地或自制的酒精含量为80 多度的"萨马汞"等,女士以喝葡萄酒、香槟酒、露酒及各种饮料为主。

别样的婚礼

乌克兰人的婚礼仪式也是独具特色的,从说媒、相亲、订婚到婚礼,有一整套自己的习俗。在乌克兰有专职的媒婆,这些媒婆来到家中有待嫁女子的人家时用"你家中有奇货,我手头有买主"来做开场白,探听对方的口气。如果女方的父母同意这门亲事,就会起身跟媒人一起绕着家中的桌子走三圈,再对家中的神像画个十字,然后商量相亲的具体步骤。在相亲这一天,媒人会把小伙子及其父母带到女方家中,互相见面后,女方的妈妈会端来一碗蜜糖水给小伙子,如果小伙子相中了姑娘,他就会将蜜糖水一饮而尽,如果没有相中,小伙子就只用嘴唇沾一下杯沿。相中之后,接下来就是双方商定彩礼。乌克兰的彩礼一般包括首饰、衣服、家具、生活用品等。

在乌克兰,订婚仪式都会非常隆重。乌克兰人非常重视订婚仪式,他们认为这是表示忠贞不渝的非常严肃的事情。订婚之后,是不能随意悔婚的,如果悔婚必须赔偿对方损失。订婚仪式结束后的当天晚上,女方家会举行一个祝贺晚会。在城市里,女方的家中会张灯结彩,焕然一新,餐桌上会放一束含苞待放的玫瑰花和一个冒着热气的亮晶晶的热茶炊,未开放的玫瑰花象征未来的生活将充满希望和幸福,热茶炊象征未来的生活将充满活力。而在农村,祝贺晚会在女方家门口举行,女方的父母主持祝贺仪式。男方的父母向未来的亲家献上面包和盐,女方父母双手接过后,吻一下面包,以表示诚心和感谢,然后未来的新娘走上台阶向到场的人们鞠躬感谢,宣布自己已经订婚,从此改姓未婚夫的姓,在场的人会鼓掌或者敲铜盘表示祝贺。

　　在乌克兰,婚礼一般都选在冬季圣母节之后或圣诞节期间,或春季复活节的第一周。婚礼通常在教堂举行,婚礼当天新郎和新娘会乘坐一辆用鲜花和小铃铛装饰起来的马车,伴郎、伴娘和其他亲友也在车上,手风琴伴奏者一路随行,一行人在音乐的伴奏中唱着欢快的歌乘着马车向教堂驶去。而在临行前,新娘的女友们会哭着送别新娘。在教堂举行完婚礼后,新郎的父母会手持面包和盐在家门口迎接从教堂回来的新婚夫妇,并为他们送上祝福。这个时候前来祝福的人们会往新郎和新娘身上撒啤酒花、谷物或者零钱。婚宴中,大家聚在一起边吃边喝,并指着酒杯一次又一次地喊:"苦啊! 苦啊!"这个时候新郎和新娘要在来宾的喊声中,频频接吻。按照乌克兰当地习俗,新人接吻后,生活就会变甜了。如果新郎新娘吻得不够热烈,来宾们会说:"再加点甜!"就这样,热闹的宴会一直持续到深夜。

斯拉夫女神眼中的风景

乌克兰是一个充满神奇魅力的国家,充满了艺术与鲜花,我们不仅能够感受到喀尔巴阡山的自然风光,还能领略到欧洲最古老的历史名城利沃夫的风采。乌克兰有着数目惊人的古城,其中的500多座可以追溯至900年前,这些历史古城中矗立着各个时期的历史建筑,它们带着各个时代的印记,置身其中仿佛有一种穿越时空的感觉。

(一)罗斯诸城之母——基辅

乌克兰的首都基辅,位于乌克兰的中北部,第聂伯河中游两岸。基辅这座古城已经有1500多年的历史,始建于5世纪下半叶,是古代斯拉夫民族的政治、文化中心,被誉为"罗斯诸城之母"。关于基辅城,有这样一个故事:定居在第聂伯河沿岸的斯拉夫人,叫波利安人。波利安族中有三兄弟,大哥叫基,二哥叫契克,三弟叫霍利夫,他们的妹妹叫雷别季。大哥基住在今天叫作鲍里切夫丘的山上,老二契克住在现在的契克丘山上,老三住在当时的第三座山上,现如今这座山由此得名为霍利夫山丘。三兄弟共同建造了一座城,并以兄长基的名字命名为基辅城。

在基辅市中心,有一个露天广场,这就是基辅有名的独立广场。一走进独立广场,首先映入眼帘的就是地标性建筑斯拉夫女神纪念柱——别列格尼亚,高61米。女神别列格尼亚是

斯拉夫女神纪念柱

斯拉夫神话中水与河岸的保护神。纪念柱旁是喷水池,矗立着英雄群像。基辅城的奠基人——基、契克、霍利夫、雷别季,四兄妹的雕像同样也竖立在广场上。从基辅独立广场上斯拉夫女神纪念柱俯瞰整个广场,广场被克列夏基克大街贯通,分为东西两部分。克列夏基克大街是基辅市的中央大街,同样也是市内最繁华的街道,这条大街在"二战"期间遭到了一定程度的破坏,"二战"后按照战前模式进行了原样修复。特别要介绍的是,这条街道在节假日和周末的时候,会改成步行街,供人们游玩散步。独立广场上有一道佩切尔门,门上立着手持利剑和盾牌的米哈伊尔大天使雕像,相传这位米哈伊尔大天使是基辅的庇护者。广场的东南方向有一座白色建筑,这就是驰名于世的乌克兰柴可夫斯基音乐学院及音乐厅;西边保留着旧城门,西南方向是乌克兰邮政总局,在邮政总局外有一根地球柱,柱子底座标有各国首都到基辅的距离。

　　在独立广场上发生过许多具有重大历史意义的事件:苏联时期这里是进行十月革命的广场;2004 年雅典奥运会的圣火在

这里传递;震惊全世界的"橙色革命"也是在独立广场上进行的,在这里曾聚集了将近50万尤先科阵营的支持者,他们在独立广场和河列沙机大街上安营扎寨露宿数周向当局进行和平示威,因为这一事件,独立广场一时间成为全世界媒体的焦点;2013年11月的乌克兰亲欧盟示威运动及2014年的基辅暴乱同样也是发生在这里。基辅独立广场可以说见证了乌克兰的风雨飘摇和动荡不安。

圣索菲亚大教堂

　　基辅另一个重要的标志便是圣索菲亚大教堂,该教堂于1990年被联合国教科文组织列为世界文化遗产。圣索菲亚大教堂建于11世纪上半叶,是基辅罗斯大公雅罗斯拉夫下令建造的。经历了天灾和战乱的破坏后,于1720年左右开始了大教堂的重建工作,当时在乌克兰正流行巴洛克式风格的建筑,于是就按照巴洛克式风格对其外部进行了整修。教堂内部的壁画、雕塑、琉璃窗在当时乌克兰文化发展中起了非常重要的作用。这些艺术元素对乌克兰的文学、绘画、制图、建筑、应用艺术甚至图书发行等诸多方面都产生了巨大的影响。如今在教堂内部还完整地保存了绘于11世纪早期,世界上保存最为完整的面积为260平方米的镶嵌画和3000平方米的湿壁画,除此之外还保存下来了大量 17 至 18 世纪的壁画残片。每年都有来自世界各地的游客慕名来参观圣索菲亚大教堂,在这里要提醒大家的是教堂内部是禁止拍照的。在 1929 年以前,圣索菲亚大教堂一直是重要的宗教活动场所,直到 1934 年才成为博物馆。圣索菲亚大教堂是乌克兰当前最大的博物馆之一。这个景点成人门票价格是 25 格里夫纳(折合人民币 6 元多),0 到 12 岁的外国儿童是可以免费参观的,开放时长根据时间不同有所区别,周一是闭馆的。

基辅洞窟修道院

乌克兰除了圣索菲亚大教堂,还有一座值得我们前去参观的古建筑,那就是素有"乌克兰的布达拉宫"之称的——基辅洞窟修道院。2007 年乌克兰举行了一次全国在线投票,从 21 个对象中评选出 7 个"历史与建筑奇迹",基辅洞窟修道院当选为乌克兰"七大奇迹"之一。基辅洞窟修道院始建于 1051 年,是乌克兰最大的东正教圣地,代表了东正教圣地的繁盛。在 18 世纪,基辅洞窟修道院是乌克兰最大的封建教会,包含了 3 个城市、7 个乡镇、200 多个村庄,管理着 70 多万人口。现如今,修道院占地 0.28 平方千米。为什么被称为洞窟修道院呢?这是因为该修道院拥有一个深达数千米的人工洞窟,从而得名。

最早的洞窟用作防御工事,在其内部建有教堂、墓地和经房。洞窟上的建筑是以一座高 97 米的钟楼为主体的大教堂。洞窟修道院有 2 个洞穴,每个洞穴高 2 米,宽 1.2 米,相距 400 米。这 2 个洞穴分别向第聂伯河延伸,总长约 500 米。在洞穴的两壁各向里挖出了高 1 米、长 2 米、深 0.5 米的浅穴,一开始是作为修道室,之后作为安葬各个时代的名人和著名修道士的墓地。这里安放了 11 位教士的尸体,教士死后尸体保存在洞穴内,但是由于洞穴内的气候环境比较特殊,这些尸体自然风干成了木乃伊。而在当时木乃伊被认为是奇迹,象征着神的力量,修道院也因此名声大起,如今洞窟修道院内共保存了 125 具木乃伊。

12 世纪,洞窟修道院里的洞窟教堂曾是东欧宗教和文化的中心,在这里有专门的圣像画室和缮写室,将经文翻译成教会通用的斯拉夫语,并将外国的文学作品翻译过来供人们阅读。1240 年,蒙古鞑靼人入侵基辅罗斯时期,洞窟修道院曾对外开放作为基辅市民的避难所,以躲避鞑靼人的杀害。18 世纪,这里曾作为俄国沙皇囚禁政治犯的地方。在十月革命以前,俄国及东欧国家的东正教信徒们都慕名前来这里朝拜,社会上很多知名人士来到洞窟修道院隐居,这些知名人士在隐居时从事创作。其中比较具有代表性的是基辅罗斯时期的洞窟修道院修士涅斯托尔。他是一位非常有才华的文学家,在修行期间创作了一部名为《往年纪事》的作品。作者在作品中关于历史的记述,带有非常浓重的宗教色彩及对神的力量的烘托,是一部非常有宗教价值的作品。

修道院的建筑代表了 9 个世纪文化和精神的发展,艺术风格的变迁,以及工艺设计的进步。这一片建筑群与第聂伯河沿岸的风景线巧妙地连接起来,形成了基辅一道别具特色的风景线。目前基辅洞窟修道院对游客开放,秋冬季与春夏季的开放时间不同。门票价格为 25 格里夫纳,学生、退休人员半价。

在乌克兰,每年 5 月的最后一个周末被基辅人称为基辅日。这里我们不是介绍基辅日,而是介绍基辅日当天一条热闹的老街——安德烈斜坡。每年的基辅日里,安德烈斜坡这条文化老街上总是异常热闹,这里聚集了拥有来自乌克兰全国各地的手工艺品和民族制品的商家和艺术家,吸引了来自国内外数以万计的游客。

安德烈教堂

安德烈斜坡位于基辅古城上城与下城的交接处,是基辅一条古老的文化街。这条街因街上的安德烈教堂而得名。相传基辅安德烈教堂是为了纪念沙俄女皇叶卡捷琳娜访问基辅而修建的,于 1749 年动工。教堂的名字源于一位名叫安德烈的传教士。大约 1000 年以前,传教士安德烈来到这里传教布道。教堂是绿色金丝顶蓝墙,而且它的建筑根基是在山丘上的,独特的选址为它增加了不少神秘的色彩。教堂旁边有一尊非常受游客喜爱的雕像,雕像是一位年轻的绅士虔诚地单膝跪地,握着一位高傲优雅的女士的手,像是在准备求婚。教堂的前面就是安德烈斜坡,这条古老的街道是由传统的石头铺成的,体现了一种东欧风格,踩在上边,一种年代感便从脚底贯穿你的全身,仿佛让你瞬间回到了辉煌的基辅罗斯时代。在基辅罗斯时代,手工业者和小商贩们都住在下城,因此安德烈斜坡这个位置便成了手工业产品的一个交易场所,这一传统习俗一直延续至今。现如今的安德烈斜坡已经按照 20 世纪的原样修复,在街道的小摊位上摆放着各式各样的木器、银器、石器工艺品,乌克兰民族特色的纪念品,苏联时期的像章、老照相机、望远镜等旧货也能在这里淘到,还有各种色调的油画。相传在街道的两边曾经住满了画家、音乐家、作家。漫步在这条古街上,仿佛置身在一片净土中,远离大城市的喧嚣,沿着这条街道走累了,就到路边咖啡馆喝一杯咖啡,体会一种言语无法表达的惬意。

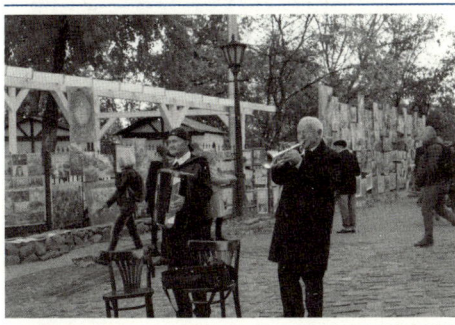

安德烈斜坡上的街头艺人和随处可见的油画

基辅还有一座腐败博物馆。这座腐败博物馆是乌克兰前总统亚努科维奇的豪华别墅。这座豪华别墅位于基辅的近郊,距离基辅市中心约 30 千米。腐败博物馆占地面积为 1.37 平方千米,是一座豪华的乡间庄园。庄园里设施齐全,设有专用的直升机停机坪、动物园、高尔夫球场、豪车车库、奶牛场,专人设计建造的游艇形状的餐厅,一切的一切都尽显奢华,这里就是乌克兰前总统维克多·亚努科维奇的家。当年他被弹劾逃亡俄罗斯之后,这里便成了对外开放的旅游景点。庄园周围的环境非常舒适宜人,紧邻第聂伯河,前总统亚努科维奇本人非常喜欢钓鱼,因此庄园里建造了人工湖,湖边饲养了很多鸭子和天鹅,还有专门的一块地方放养鸵鸟。走在这样的庄园中真的很难想象这是一个人的家,恐怕只有在童话故事中才有的画面,在这里都可以看到。

腐败博物馆——前总统亚努科维奇府邸

基辅值得去的地方还有很多很多,像基辅黄金之门、圣迈克尔广场、赫雷夏蒂克街、中央军事博物馆,甚至基辅的每一条街道都充满它独有的韵味,走在古老的街道上,时间仿佛静止下来,每一个街角都让我们流连忘返。

历史的长河里有美好的记忆,也有无法抹去的伤痛。下面让我们走近切尔诺贝利核电站。

(二)永远的伤痛——切尔诺贝利

切尔诺贝利在 1986 年 4 月 26 日早晨发生的那一切,使这一天成为人类灾难史上最黑暗的日子之一。26 日凌晨 1 时 24

分,这座距离基辅约 140 千米的核电站的 4 个核反应堆中的 1 个发生泄漏并爆炸,这次爆炸向大气中释放了 120 万居里的放射性物质,辐射量相当于 1945 年美国投到日本广岛和长崎 2 颗原子弹释放辐射量的 100 倍。据专家估计,要完全消除泄漏辐射物的影响至少需要 800 年。

切尔诺贝利隔离区

在爆炸的最初,2 名工人当场死亡,爆炸之后的一周内陆续有 20 多名工人和消防员死于爆炸的直接影响。爆炸事故发生后,当时的苏联政府派遣了 50 多万军民进入隔离区进行清理。这次灾难发生后的 5 年内相继有 7000 多人死于辐射引起的各种疾病。这次爆炸事故带来的后续灾难更是让人无法想象,在 2006 年 4 月 18 日环境保护绿色和平组织发布的报告中写道:切尔诺贝利核电站爆炸事故导致 27 万人因辐射患癌症,从而造成 9.3 万人死于辐射疾病。

如今的切尔诺贝利核电站俨然已经成为一座无人居住的“死城”,曾经如此繁华的一座城一夜之间面目全非,这种巨大的反差,带给人们的除了震撼,更多的是恐惧。核爆炸之后,政府以核电站为中心点,按照核泄漏的污染程度划分了 3 个区域,分别是隔离区、撤离区、准撤离区。核电站周围 30 千米的这片区域被划定为"隔离区",也就是无人区;隔离区外面的区域是撤离区,这片区域是不允许居民居住的;准撤离区设在离核电站100千米处,这片区域允许人们居住,但是生活在这里的居民要时刻做好防范措施。这次核爆炸事故被国际核事件分级表评为第七级事件的特大事故,因为受到风力的影响,爆炸后除了乌克兰外,白俄罗斯、俄罗斯及一些与乌克兰相邻的欧洲国家也受到了不同程度的核辐射影响。

切尔诺贝利核电站是苏联时期在乌克兰境内建造的第一座核电站。在当时切尔诺贝利核电站被认为是最安全、最可靠的核电站。这里代表着苏联最高水平的科学技术,只有最顶尖、最优秀的人才能来这里工作,所以当时所有人都为能够在切尔诺贝利工作而感到自豪和骄傲。可以想象,那时候这里一片繁荣,而现如今这里满目疮痍:狼藉的幼儿园,倒在地上的书柜、书橱,孩子们曾经睡觉的小床挂满了蜘蛛网;曾经给切尔诺贝利人带来精彩比赛的足球场,现在布满了肆意生长的树木和杂草,唯一能证明这里曾经热闹过的也许就是遗留在观众席上的空酒瓶;还未来得及给孩子们带来欢乐的普里皮亚季市中心公园游乐场的所有游乐设施现如今都已变成锈迹斑斑的废铁;长满杂草的电影院;废弃的商场,长满铁锈的购物车。

2016年,切尔诺贝利核事故发生30周年,乌克兰政府为了防止反应堆内的核物质再次泄漏,完成了4号反应堆新"石棺"的无缝对接,有效地降低了核辐射对生活环境的影响。如今,一些当年的原住居民回到了切尔诺贝利隔离区居住,他们大多是一些上了年纪的人,离不开自己的故土。这里几乎与外界隔绝,他们自己种菜,自给自足,但这些人也所剩不多。

这里现在已经成了一条热门的旅游路线,每年都会有来自世界各地的游客到此参观,但相信每一个来的人都是带着敬畏

核电站中废弃的图书馆

而来。在离开隔离区时,游客会经过好几道关卡,对每个人进行核辐射量测试,确保每个人的安全。

(三)狮城——利沃夫

告别切尔诺贝利,让我们将目光投向另一座历史古城——利沃夫。利沃夫位于乌克兰西部,与波兰相邻,是乌克兰西部的政治、经济、文化和教育中心,同时也是利沃夫州的州府。利沃夫的地理位置非常有利,坐落于中欧和东欧通向黑海和波罗的海港口的交通要道上,便利的交通位置促进了利沃夫的经济发展,再加上宜人的自然环境,这里吸引了不少外来人口,汇聚了鞑靼人、德国人、匈牙利人、波兰人、立陶宛人、奥地利人等。

利沃夫以文化的多元性闻名于世。城市里有许多大型工厂,乌克兰最古老的大学也坐落在利沃夫市,市内还建有著名的利沃夫歌剧与芭蕾舞剧院。在利沃夫的老城区有许多珍贵的古建筑,这些建筑已被列为世界文化遗产,因而利沃夫被世界各地的游客赞为欧洲最美丽的城市之一,有"乌克兰的巴黎""乌克兰的佛罗伦萨"之称。利沃夫同时还是乌克兰民族文化的中心城市,在这里,乌克兰语的使用相对比较普及。每个乌克兰人都说利沃夫市是乌克兰最值得一去的城市之一,这里有众多教堂、博物馆、咖啡馆和特色餐厅,处处体现出乌克兰文化之都的风采,融合了历史和现代的多种元素。

利沃夫最热门的景点便是市集广场。市集广场最早出现在 14 世纪下半叶,到现在已经有 600 多年的历史,它见证了波兰与乌克兰的历史发展。市集广场的中心位置是市政府,环绕着市政府依次矗立着很多富有特色的古典建筑物,其中最著名的是门牌 4 号的"黑屋",门牌 6 号的意大利式庭院曾经是波兰国王的行宫,门牌 24 号是俄国沙皇彼得大帝住过的房子,东北方向是充满历史年代感的药物博物馆。夏天,街道两旁是随处可见的露天咖啡馆,还有身穿 19 世纪乌克兰民族传统服装兜售糖果的女商贩。广场的中央有一个喷泉水池和精美的希腊神雕塑,有轨电车时不时驶过,让人仿佛穿越到了过去的西欧小镇。虽然现在广场上没有了过去的市集,但这里是每一个来利沃夫的游客必须"打卡"的地方。

市集广场旁边是历史博物馆。该博物馆成立于 1893 年,由 4 号、6 号和 24 号三座大楼组成。其中 4 号楼建于 16 世纪,该建筑具有浓厚的文艺复兴风格,外表是全黑色的,因而被人们称为"黑石建造之馆";6 号楼建于 17 世纪,是波兰国王扬·索别斯基曾经的官邸,大楼的 2 楼设有当时国王入住时的家具供游客参观;24 号大楼是利沃夫市现存历史最悠久的一栋建筑,这里详细地展出了西乌克兰的历史,使后来的人都能够清楚地了解那段历史岁月。

利沃夫歌剧与芭蕾舞剧院可以说是利沃夫众多历史建筑中最令利沃夫人骄傲的,这座剧院建成于 1900 年,是利沃夫建筑、历史和文化领域最光辉的遗产,是利沃夫最耀眼的标志。1895 年,利沃夫市举行了兴建大剧院的设计竞赛,在众多的参赛者中,当时任利沃夫高等艺术工业学校校长的戈尔戈列夫斯基(毕业于柏林建筑学院)的设计方案胜出,他本人也成为利沃夫歌剧与芭蕾舞剧院的建筑设计师。随后戈尔戈列夫斯基将大剧院的建造地点选在了人口相对比较集中的市中心,工程耗时三年,于1900年10月4日正式竣工。利沃夫歌剧与芭蕾舞剧院采用古典主义为主要建筑风格,兼有文艺复兴和巴洛克风格。剧院的内外装饰集中展示了19世纪末欧洲绘画和雕塑的成就,非常华丽精美。建筑的顶部有三尊分别象征荣耀、诗歌、音乐的大型青铜雕像。在利沃夫人和世界各地慕名而来的参观者眼中,从规模到内部的装饰,这座华丽的剧院丝毫不逊色于维也纳大剧院及莫斯科大剧院。

利沃夫的民族手工艺博物馆在欧洲同类型的博物馆中是最大的,该博物馆是在20世纪50年代末由两家建于19世纪末期的博物馆合并而成的。博物馆里不仅陈列着乌克兰的古物,还有其他国家的古董,陈列物主要是一些古式家具。从这些古董身上,我们可以看到15世纪和16世纪德国、意大利、法国、波兰这些国家的文化缩影。

在利沃夫除了进行文化之旅外,供休闲娱乐的地方当然也不逊色。利沃夫当地最有名的啤酒为Livviska,这款啤酒还获得过国际奖。利沃夫有一座啤酒博物馆,位于离利沃夫老城区较远的地方。那里展出了利沃夫啤酒的酿造史,还特意为前来参观的游客播放10分钟的啤酒酿造影片。在博物馆内还设有专门的酒吧,游客参观完后可以在吧台享受一杯香甜的啤酒。

利沃夫的巧克力也久负盛名。利沃夫生产的巧克力被大量出口到许多欧洲国家,因此当地的手工巧克力工厂吸引了大量国外游客。巧克力工厂位于利沃夫老城区繁华的市中心,里面摆放着各种造型的手工巧克力,其中用11.5千克纯巧克力制作的利沃夫市政厅模型,让所有的人叹为观止。利沃夫是一座来了便舍不得离开的城市,同样也是一座让离开的人念念不忘的魅力之城。

（四）海滨之城——敖德萨

敖德萨是位于乌克兰黑海西北岸的港湾城市,有利的地理位置使敖德萨成为乌克兰各种物资集散及贸易往来的重要港口。敖德萨是在 1794 年由叶卡捷琳娜二世下令建立的,效仿了彼得大帝兴建的圣彼得堡,旨在于黑海沿岸修建一座"通向黑海的窗口"的城市。叶卡捷琳娜二世女皇想扩大与欧洲的贸易往来,所以决定在黑海边建造一个港口。最早的敖德萨是鞑靼人的一个居住点,后来被土耳其人占领。土耳其人占领之后在这里建立了要塞,直到 1789 年被俄国人占领。敖德萨气候宜人,温度与湿度都适中。这里的海港常年不冻,因而在水路运输中占据着非常重要的地位。敖德萨港口同世界上 60 多个国家的 200 多个港口有往来,苏联时期承担着整个苏联 50％以上的对外贸易货物运输任务,苏联远近闻名的黑海舰队也驻守在这里。

敖德萨港口的正对面是敖德萨非常著名的地标性景点——波将金阶梯。从敖德萨市中心半圆广场通向海边的波将金阶梯一共有 192 级石阶,宽 30 米,是为了纪念 1905 年波将金军舰起义而命名的。当站在波将金阶梯最高层,回头俯瞰整个敖德萨港口,一种宏大的感觉油然而生。1925 年,苏联的电影大师谢尔盖·爱森斯坦执导了一部经典电影《战舰波将金号》,电影运用了蒙太奇的手法,将沙皇军警在波将金阶梯上的屠杀暴行犹如历史回放般展现在观众眼前,这一片段是电影史上一个经典的片段。

沿着波将金阶梯上来，便进入了敖德萨市里。德里巴索沃斯卡亚街是敖德萨市的主要大道。这里充满了生活的气息，随处可见的咖啡馆、餐厅，风格迥异的商店、公园，甚至大众化的麦当劳在这里都觉得很优雅。这条热闹的街上，几乎每家店都是座无虚席。在这条街上有一家人气非常旺的咖啡店，叫Kompot，店家每天都烘焙新鲜的面包，配上自制的果酱，这是每一位顾客必点的美食。咖啡店是一座两层高的建筑，店内的布置装修典雅、大方，具有年代感的大吊灯、木台更给咖啡馆增添了古韵。店里的员工都是当地的年轻人，热情，友好，富有活力。在这里点一杯咖啡、一块糕点，感觉虚度光阴都是那么有意义。

敖德萨国家歌剧院在 19 世纪初由奥地利建筑师设计建造，是一座高大的罗马式建筑，全部采用意大利生产的浅黄色大理石建造。剧院的正面是高大的门楼，门楼有 5 个拱形大门，楼上是 5 个拱形窗户，窗户上立着 5 尊女神青铜雕像，这 5 座雕像分别代表着歌剧中的英雄主义、戏剧、想象、艺术和爱情。在剧院门楼顶上，两边分别矗立着身骑白马的戏剧之神的青铜像。门楼内部的墙壁上画的是著名音乐家莫扎特演奏生平最后一部歌剧《魔笛》最精彩段落的场面。这座乌克兰最美的剧院，曾被《福布斯》杂志列为东欧最不寻常的建筑之一。

敖德萨的美与惬意不是几句话就能够介绍完的，作为一个海滨城市，海边的娱乐活动怎么会少？放眼望去，长长的海滩上摆放着各种颜色的躺椅，沙滩上形形色色的人沐浴在阳光下享受着日光浴，海面上驰骋着摩托艇，大都市人们向往的度假生活，在这里显得如此平常。

（五）海岸之城——雅尔塔

雅尔塔是一个著名的疗养城市，位于克里米亚半岛南岸，是黑海港口城市,北边与辛菲罗波尔相距 79 千米,是世界闻名的历史古城,始建于 12 世纪。这个美丽的地方之前属于乌克兰,但在 2014 年克里米亚自治共和国举行全民公投后,被宣布加入了俄罗斯,这个情况前文中已经做了详细介绍。但这并不影响我们走进这个美丽的地方。

雅尔塔一词源自希腊文"雅洛斯",意为"海岸"。关于雅尔塔这个地方还有这样一个传说:在很久之前,有几艘希腊船只驶离了君士坦丁堡,在黑海航行了数日后突然遭遇风暴迷失了航行的方向。船上的船员们都非常恐慌,当大家都处在绝望之中时突然看到一缕霞光从东方照射出来,现出了陆地,于是所有人都高呼"ЯЛОС"。希腊船员们登上了这块陆地,并给陆地上的这座村庄起名为"雅洛斯",雅尔塔便由此得名。

雅尔塔之所以闻名于世还有一个历史原因。第二次世界大战期间(1945 年 2 月 4 日至 11 日),美国、苏联、英国三国首脑罗斯福、斯大林、丘吉尔在此举行会议,史称"雅尔塔会议"。在这次会议上,三国就战后世界格局的安排问题达成协议并签订了著名的《雅尔塔协定》。雅尔塔也因此在历史上留下了浓重的一笔。雅尔塔依山傍海,气候宜人,因一年四季阳光普照,所以当地盛产葡萄等水果。在沙皇俄国时期,雅尔塔就已经是沙皇和贵族们疗养的首选地方。除了王公贵族,许多文人墨客也钟情于这个地方,像我们熟知的普希金、托尔斯泰、高尔基、斯坦尼斯拉夫斯基等文艺巨匠都曾多次来到这里休养。俄国著名作家契诃夫在雅尔塔养病期间,写下了不少为我们熟知的文学作品,像《带小狗的女人》就是将雅尔塔作为故事发生地点。

这座城市到底具有一种什么样的魅力,从古至今一直吸引着人们? 让我们一起走进这座魅力之城。初到雅尔塔也许会感受到些许落差,它的市区并不像其他大都市那般繁华,甚至有的街道颇为狭窄,住房略显破旧,但是慢慢地,我们就会发现这个城市的魅力所在,这里有一种简单和平和,甚至还散发着一种淡雅的浪漫。

雅尔塔的主街道是滨海路,也是契诃夫小说《带小狗的女人》中多次写到的一条老街,2000年改造扩建后成为城市的休闲中心。街道两侧是各具特色的餐馆和咖啡馆,尽头是海滩,驻足街头,你能听到不远处海浪拍打石滩的声音。因为街道尽头是一个码头,所以这里便是雅尔塔之旅开始的地方,从这里可以乘船去许多景点。

燕子堡是雅尔塔的一个标志性建筑,也是众多游客急于游览的景点之一。燕子堡位于距离雅尔塔市20千米的嘎斯普拉村,整个堡垒建在40米高的爱托多尔悬崖上,远远望去,燕子堡的外形像一只飞翔的燕子,也许这就是"燕子堡"这个称呼的由来。

关于燕子堡还有这样一个传说:从前燕子堡的位置上矗立着一座参加过1877—1878年俄国与土耳其战争的将军的木屋。再后来这座木屋被一个在里瓦几亚宫任职、名叫托宾的宫廷医生买了下来。托宾医生死后,一个来自莫斯科的商人的遗孀成了这栋木屋的第三任主人。再后来,德国的石油大亨什杰伊格利慕名来到克里米亚度假,一眼就喜欢上了这座木屋,当即买了下来,并决定按照中世纪的建筑风格重新改造修建,就有了现在我们见到的燕子堡。燕子堡是由著名的雕塑家、红场历史博物馆建筑师的儿子列奥尼特·舍尔乌特设计的,于1912年建成完工。在后来的几年里,燕子堡经历了几次地震,只有1927年那场大地震使城堡堡顶的尖端部分掉入了大海,城堡其余部分基本无损坏,后期经过修补和加固,现在能够完整地呈现在我们眼前。

　　雅尔塔另一个不容错过的景点便是阿卢普卡宫。美丽的城堡宫殿总是坐落在山边,在去阿卢普卡宫之前先要翻越一座山——爱彼得山。爱彼得山位于阿卢普卡市,山本身并不高,海拔为 1234 米,但山势险峻陡峭,外观看起来跟一个巨大的齿轮一样,奇特的外形让人印象深刻。爱彼得山基本还处在一种未开发的状态,缆车只能送到一个指定的位置,到山顶还有 800 米的行程,而通向山顶的"路"正像鲁迅说的"其实地上本没有路,走的人多了,也便成了路"。但当登上山顶,整个克里米亚的美景便尽收眼底,在这里可以眺望长长的黑海海岸和被丛林绿野簇拥着的阿卢普卡宫。

　　阿卢普卡宫位于雅尔塔市的西南方向,始建于 1828 年,1848 年竣工,是沙皇时期新罗斯边疆最高执行长官、军事家沃龙佐夫伯爵的官邸,因此阿卢普卡宫又称沃龙佐夫宫。宫殿是由英国女王的宫廷设计师爱德华·布洛尔设计的,整体外观富丽堂皇,宏伟壮观,面朝辽阔的大海,后面是巍峨的高山,可以说是依山傍水。宫殿四周是公园,占地约 40 万平方米,公园内设有喷泉、池塘、雕塑,一片苍翠。清晨,漫步小径,在湿润的空气中可以嗅到松树的清香,一路踱步到海边,又能看到另一派壮阔的景象。

　　前面说过雅尔塔闻名的原因之一是"雅尔塔会议",而会议具体的地点在哪里呢? 当年的三国首脑会议举行于黑海岸边,距雅尔塔市西南 3 千米的里瓦几亚宫。"里瓦几亚"在希腊语中意为"草地"。里瓦几亚宫于 1862 年始建,至 1866 年建成,一直是沙皇们的庄园,经历了亚历山大二世、亚历山大三世和尼古拉二世。1894 年作为最后一个沙皇尼古拉二世的夏宫。现在呈现在我们面前的里瓦几亚宫,基本是在 1910 年 4 月至

1911 年 9 月期间重新修缮的，只保留了建于 1864 年的拜占庭风格的宫廷教堂，其余全部采用了皇家庄园常用的乳白色大理石。今天的里瓦几亚宫已经成为国家博物馆并对外开放，一楼是雅尔塔会议旧址展厅，二楼是沙皇王室成员们的房间旧址展厅。

告别里瓦几亚宫，来到另一座皇家宫殿——马桑德拉宫。马桑德拉宫始建于 1881 年，这里最早是为沃龙佐夫修建的宫殿，但沃龙佐夫在 1882 年去世，因此宫殿的建设就此停止。后来沃龙佐夫遗留下来的领地以及未建完的宫殿都被沙皇亚历山大三世买了下来，并在原来宫殿的基础上开始修建自己在克里米亚的行宫，在宫殿终于建好时，亚历山大三世却病故在里瓦几亚宫。前后两任主人都未来得及入住这座宫殿便去世，在那个年代似乎预示着什么。后来尼古拉二世继承了沙皇的位置，理所当然地也继承了这座宫殿。虽然皇室成员经常会在这里聚会，但据说从未有人在此留宿过。

马桑德拉宫位于雅尔塔的半山腰上，视野开阔，风景秀丽。苏联各个时期，这里曾是苏联国家领导人的度假胜地，像斯大林、赫鲁晓夫、勃列日涅夫都曾来过这里。到 1992 年，马桑德拉宫成为博物馆并对外开放。马桑德拉宫的建筑风格属于巴洛克风格，规模宏大，装潢精致。宫殿前后的花园布满各种绿植和雕塑，有象征沙皇夫妻爱情的百年大松树、精心修剪的玫瑰、布满历史痕迹的石雕等。

除了旅游业，葡萄酒生产业也是雅尔塔主要的支柱产业。雅尔塔当地著名的马桑德拉酿酒厂，始建于 1894 年，位于距离雅尔塔市大约 5 千米处。酒厂内设有酒庄，院落两侧是隔开的新旧两栋建筑，分别设有酿酒博物馆、酒窖、品酒室。

葡萄酒窖位于上、中、下 3 个地下室内，上层地下室由 7 条隧道组成,通风风扇分别位于不同的地方。每条隧道深 140 米,宽 4—5 米,常年保持在 10—12 摄氏度,这个温度是保存葡萄酒的最佳温度。中层直角形地下室内存放着陈年的葡萄酒大酒桶。底层马桑德拉酒窖拥有来自不同国家不同酒厂的酒。

马桑德拉酒厂历史悠久,规模宏大,在沙皇俄国时期,它被认为是最好的酒庄,收藏了上百万瓶俄国的葡萄酒和西欧的葡萄酒,其中一些俄国葡萄酒还刻有皇室的封印,收藏的酒共计 700 多种,其中最古老的是 1775 年生产的葡萄酒。现如今的马桑德拉酿酒厂,依旧是著名的葡萄酒生产基地,安装了现代自动化装备生产线,产品种类多达 28 种,包括葡萄酒、甜酒、佐餐酒、香槟等。酿酒博物馆展厅介绍了克里米亚发展葡萄酒生产的 3 个时期——远古时期、沙俄时期、苏联时期。在酒厂里,可以参观各种历史悠久的红酒,品尝到不同价位的红酒,还可以购买一些红酒收藏,选择很多。该厂生产的酒曾 3 次获国际大奖,148 次获各种金、银奖章。

契诃夫的《带小狗的女人》,故事就发生在雅尔塔。在雅尔塔市区基洛夫大街 112 号,坐落着一栋白色的别墅,这就是契诃夫故居。这幢白色的两层楼房,掩映在绿树丛中,契诃夫在生命的最后几年里,由于过度劳累健康状况不佳,在母亲和姐姐的陪同下从莫斯科迁居到此处疗养。这栋小楼记录了契诃夫余生的所有辉煌,像剧本《三姐妹》《樱桃园》,中篇小说《在峡谷里》,短篇小说《带小狗的女人》《新娘》等,都是在这里创作的。在他疗养期间,他的朋友们都常来看望他,像我们熟知的高尔基、列维坦。在这栋楼书房壁炉上方,至今还保存着当年列维坦即兴为契诃夫创作的《月夜中的干草垛》。如今,这里已作为博物馆对外开放,供游客了解文豪的生活。

雅尔塔这座历史古城,有太多美丽的景点,每一个来过的
人都会流连忘返。

乌克兰欢迎您

　　乌克兰政府在 2017 年提出的国家三年发展战略中明确指出,乌克兰社会发展的主要任务有:发展国防力量,发展工业、旅游业和减轻中小企业压力。乌克兰地理位置优越,濒临黑海和亚速海,境内有丰富的旅游资源和深厚的文化遗产,其旅游业发展潜力巨大。乌克兰自独立以来,便采取了一系列措施,一方面加快旅游业的发展,另一方面扩大外汇的收入。首先,乌克兰政府制定了旅游业发展方针。乌克兰在苏联解体后率先于 1995 年通过了《国家旅游法》,之后又通过了《至 2005 年国家旅游业发展规划》。乌克兰政府在积极开发旅游路线和景点的同时,还强调保护原有旅游资源。为了进一步加快旅游业的发展,政府制定并通过了《鼓励外商在乌克兰投资国家纲要法》,以鼓励外商投资旅游业,将发展旅游度假设施、建造现代化的高级宾馆和旅游设施作为优先发展的重点之一。如今的乌克兰,在基辅、州府以及一些旅游胜地,旅游基础配套设施都发展得很快,符合国际标准的星级宾馆随处可见;乌克兰政府还设立了专门的旅游机构,培养专门的旅游业人才。除了乌克兰国家旅游局、乌克兰境内的旅行社外,乌克兰全国各地均开设了旅行分社和各类相关旅游组织。乌克兰政府还建立了培养旅游管理干部的完整体系,以提高旅游专业人员的水平。根据国际服务标准,乌克兰政府制定了相应的服务准则,以提高和保障乌克兰旅游业的服务质量,并积极参与国际旅游合作。

1992年,乌克兰对外经济关系部专门设立了旅游事务管理局。现如今,乌克兰已经加入世界旅游组织,并与国际上的一些主要旅游组织签署了旅游合作协议。

根据乌克兰经贸部的统计,2017年到乌克兰旅游的人数达1440万人次,同比增长了近6％。其中,2017年到乌克兰旅游的外国人人数最多的国家分别是:摩尔多瓦、白俄罗斯、俄罗斯、波兰、匈牙利、罗马尼亚、斯洛伐克、土耳其、以色列和德国。中国方面,2017年中国最大的在线出境游旅行社携程旅游发布的《2017—2018年中国赴欧洲旅游趋势报告》显示,乌克兰是旅游目的地人数增速最快的国家。而在2018年4月,中国旅游同业考察团对乌克兰各个城市进行了为期半个月的深度考察。这充分说明了两国都对彼此之间的旅游合作高度重视,并且在旅游业方面有着很大的合作发展潜力。

这里有果戈理，这里有舍甫琴科……

　　提到果戈理，每一个喜爱文学的人都不陌生。他的许多文学作品都被翻译成了中文，并被一代代的文学青年诵读。这位文学大师出生于乌克兰波尔塔克省密尔格拉德县大索罗钦镇一个地主家里。鉴于当时的社会背景，他的作品都是用俄语写就的，但他在作品中展现了乌克兰的文化、历史以及民族性格等。在《塔拉斯·布尔巴》这部作品中，果戈理通过对哥萨克英雄布尔巴这一人物形象的塑造，展现了哥萨克人的英勇，赞颂了哥萨克人的斗争精神和崇高的爱国主义情怀，同时，这部作品也显示了乌克兰这个民族时刻涌动的追求自由的精神。这部小说被翻译成中文后，深受中国读者的喜爱。果戈理除了此部作品外，还有很多家喻户晓的文学作品，如《狄康卡近乡夜话》《米尔格罗德》《死魂灵》《钦差大臣》等。

　　果戈理是批判现实主义作家，他善于描绘生活，在写作过程中将现实和幻想结合起来，作品具有讽刺性幽默的特色。他所创造的文学作品，大多是以故事性情节展开的，有些情节在当时看来甚至是荒诞不经的，但作者就是通过安排一些荒诞不经、匪夷所思的过程和结局，让读者感受到作者对当时社会制度的批判。

　　果戈理对当时俄国小说艺术的发展有着显著的影响力，像我们熟知的屠格涅夫、陀思妥耶夫斯基、谢德林等作家都受果戈理创作风格的影响，他也因此开创了俄国文学创作的新时代。除了在俄国,果戈理对中国的文学创作也产生了巨大的影响,他讽刺性幽默的文学艺术风格和深刻的思想在"五四"前夕进入了中国,并受到当时中国作家的一致好评和欢迎。当时的一些作家如鲁迅、老舍、赵树理、孙犁等,都深受果戈理文学作品的影响。鲁迅在他的《狂人日记》中就借鉴了果戈理的同名小说。车尔尼雪夫斯基在《俄国文学果戈理时期概观》中写道:"果戈理是俄国的散文之父。"

1814 年 3 月 9 日,在乌克兰基辅一个叫麦瓦茨的小村庄里,一个小男孩出生了,这个男孩的祖辈、父辈都是农奴,所以他一出生也带着一个既定的身份——农奴。他的一生都在为这不公平的身份而斗争,他就是我们熟知的乌克兰伟大的诗人及艺术家——舍甫琴科。舍甫琴科的一生是苦难的,他只活了47 年,却当了 27 年农奴;被充军流放了将近 10 年,之后的人生,舍甫琴科自己本人是这样形容的:过着"用链子拴着的狗"一样的"自由"生活。当时的乌克兰处在俄国沙皇的专制统治下,除此之外还饱受残酷的农奴制度的压迫。大部分劳动人民,当时的身份就是农奴,在农奴主眼里,他们只不过是一些干活的牲口。舍甫琴科自幼聪明伶俐,他的艺术天赋来源于乌克兰热情激昂的民歌和美丽的原野,他在放牧的间隙搜集民歌,并将看到的自然风光描摹到纸上。农奴主觉得舍甫琴科这份艺术才能可以为他创造更多的财富,于是把他带到了彼得堡。1838 年可以说是舍甫琴科一生中的转折点,当时著名的画家勃柳洛夫非常欣赏并器重他的天赋,非常同情这个有才华少年的悲惨身世,勃柳洛夫用卖画筹得的 2500 卢布(在当时已经算是一笔巨资)帮舍甫琴科赎了身,并送他进美术学院深造。

舍甫琴科获得"自由"之后更加努力地学习绘画技巧,与此同时他也开始了自己的诗歌创作。1840 年,他的处女作《科布

舍甫琴科雕像

查尔》(乌克兰民间流浪歌手的统称,多是盲人)问世,这部作品使舍甫琴科在乌克兰和俄国赢得广泛关注和好评。诗中如此写道:"滔滔的第聂伯河汹涌澎湃/狂风怒吼,落叶纷纷/你看那月亮苍白暗淡/在乌云后面徜徉不停/就像扁舟漂在海上/随波起伏时现时隐。"1841年,他的绘画作品《吉卜赛占卜师》在彼得堡画展上为他赢得了三个奖项,同时他的一部以18世纪乌克兰人民反对波兰统治阶层的农民起义为题材的长诗《盖达马克》,使他声名鹊起,并因此得到了当时沙皇的召见,但对于这份在别人眼中属于无上荣耀的青睐,舍甫琴科本人并不以为然,正如他在作品中写的那样:"有一天,我走在涅瓦河畔/那时正半夜更深/我一边走,一边思忖/如果奴隶们不那么恭顺/这些被玷污的高楼/就不会立在涅瓦河滨/人们就会变得亲如姐妹、弟兄/可现在,这儿只见无数眼泪和苦痛/既没有上帝,也没有神灵/是一群猎狗的看管人在霸道横行……"在舍甫琴科的眼里,沙皇只不过是"一群猎狗的看管人"①。

———————

① 彭龄、章谊:《追忆舍甫琴科》,《乌克兰研究》2011年第1期,第194—198页。

　　舍甫琴科在自己的长诗《梦境》中讥讽了沙皇的暴政并参加了秘密政治社团活动,因此被捕并被发配到了偏远的乌拉尔山的奥伦堡服役。当时的沙皇尼古拉一世亲自批示:"严加监管,禁止写作、绘画。"然而,虽然被枷锁捆绑着,饱受着监狱的酷刑,舍甫琴科的意志并没有被摧毁,他仍旧坚持写诗,他将对故乡乌克兰的思念写在小纸片上,藏在靴筒里,正是这一块块的小纸片,汇聚成了后来的诗集《在囚室里》。舍甫琴科一直被羁押到 1857 年才被释放出来。长期的流放和苦役严重摧残了他的身体,1861 年 3 月 10 日,在舍甫琴科刚刚过完自己 47 岁生日的第二天,他便去世了。在舍甫琴科去世后不久,农奴制终于被废除了,虽然舍甫琴科没能亲眼看到沙俄统治与农奴制度的垮台,但他始终坚信这一天一定会到来。舍甫琴科在他著名的诗歌作品《遗嘱》中这样写道:"当我死后/请把我葬在乌克兰辽阔的草原上/让我能望见广袤的田野/能望见第聂伯河边的峭壁/和听见河水的喧响/起来! 砸开镣铐/用残暴的敌人的血/把我们的意志浇灌/河水把敌人的血/从乌克兰身上冲洗下来/冲入蓝色的大海……"

　　舍甫琴科死后,他的友人根据他的遗愿,将他的遗体运回了故乡,并把他安葬在了第聂伯河岸边的卡尼夫的僧侣山,这座山后来改称为舍甫琴科山,以纪念这位伟大的诗人。舍甫琴科就像乌克兰肥沃的黑土地上的一棵大树,他的根深深地扎在乌克兰的民众当中,他用自己的诗歌记录了乌克兰人民所受的苦难,也通过自己的诗歌歌颂、赞美了他们不屈不挠的斗争精神,表达了乌克兰人民对自由、光明和幸福生活的向往。舍甫琴科的一生都在同黑暗的专制统治做斗争,并创建了乌克兰文学语言和独特的民族风格,是乌克兰现代文学的奠基人。

　　当然乌克兰的文学史上并不只有果戈理和舍甫琴科,在不

同的历史时期,文学都有其各自的特点。基辅罗斯时期的乌克
兰文学都是由古罗斯语或者教堂斯拉夫语写成,当时最著名的
作家是伊拉里昂,主要文学作品有《法与神恩说》。到了14至
18世纪,乌克兰处于立陶宛—波兰统治下,当时的乌克兰文学
属于哥萨克时代的古乌克兰文学,主要流派有文艺复兴、巴洛
克及古典主义。古典主义属于17至18世纪的艺术流派。乌
克兰的古典主义作家以费奥凡·普罗波科维奇和伊万·涅克
拉舍维奇为代表。格雷戈里·萨维奇·斯科沃罗达是乌克兰
当时最著名的作家和哲学家,被称为"乌克兰的苏格拉底""乌
克兰的贺拉斯""乌克兰的伊索"。斯科沃罗达将自己的诗歌汇
编成《宗教歌曲的花园集》,把寓言故事统一纳入《哈尔科夫寓
言集》。他的创作是古乌克兰文学到近现代乌克兰文学的过
渡,对乌克兰文学发展产生了巨大的影响。

18世纪末至20世纪初,乌克兰先后经历了感伤主义、浪漫
主义、现实主义、自然主义流派的演变发展。

18世纪末至19世纪初,乌克兰的主要艺术流派是感伤主
义,该流派的特点是关注人的内心世界,夸大人的感受,将现实
理想化。伊万·科特里亚莱夫斯基是乌克兰文学史上第一个
用人民语言写作的作家,他创作的文学作品不多,但是每一部
作品都对乌克兰文学具有重要意义。戏剧《娜塔尔卡·波尔塔
夫卡》是乌克兰文学史上最受欢迎的戏剧作品,1819年第一次
在舞台上展现给观众,该剧目到现在一直保留在乌克兰各大剧
院的歌舞剧及话剧的节目单上。《娜塔尔卡·波尔塔夫卡》是讲
述社会日常的戏剧,主要描写了具有伟大力量的真挚爱情。另一
位乌克兰感伤主义流派的代表作家是赫雷郝里·克维特卡·奥
斯诺维亚南科,近现代乌克兰文学史上的第一位小说家,《玛卢西
娅》《可怜的奥克桑娜》及《真诚的爱情》都是他比较具有感伤主义

特点的代表作,小说基本取材于人民的日常生活,弘扬了真、善、美。

18世纪末至19世纪上半期,乌克兰兴起浪漫主义艺术流派,该流派的主要主题为个体、家庭及人民的命运,以及人的理想与现实的对立,主要的体裁有寓言、抒情诗、童话、历史小说及历史剧。其中,1805年成立的哈尔科夫大学和1834年成立的基辅大学促进了乌克兰浪漫主义文学的发展。乌克兰早期的浪漫主义文学主要集中在哈尔科夫浪漫主义作家团体的创作活动中,当时的代表作家有梅科拉·科斯托玛罗夫、梅哈伊洛·拜特兰科。民间文学著名作家梅哈伊洛·马克西莫维奇的民歌创作为基辅浪漫主义作家小组的创作提供了灵感及素材。该小组中就有我们熟知的塔拉斯·舍甫琴科和邦代莱伊蒙·古里什等著名作家。舍甫琴科的戏剧《纳扎尔·斯托道里亚》在舞台上上演了近150年。邦代莱伊蒙·古里什是乌克兰语语音正字体系的创造者,第一本乌克兰语杂志《基础》的奠基者之一,乌克兰语版《圣经》的翻译者。古里什的一生都致力于把乌克兰语发展成为标准的文学语言,他的代表作是第一部乌克兰语长篇历史小说《黑色议会,1663年纪事》。这部小说的中心思想是歌颂为将当时被俄国占领的左岸乌克兰和划归波兰的右岸乌克兰联合成一个统一的乌克兰国家而斗争的精神。①

现实主义流派是乌克兰在19世纪下半期发展起来的艺术流派,主要特征是在生活本身的形式下描写生活,刻画典型环境下的典型人物。伊万·乃楚伊·莱维茨基、巴纳斯·梅尔内、伊万·弗朗科是当时乌克兰现实主义的主要代表作家。伊万·乃楚伊·莱

---

① 许丽莎:《乌克兰文学史上的主要流派及代表作家简介》,《乌克兰研究》2016年第1期,第134—140页。

维茨基的代表作是《乌云——黑海之上》,这是乌克兰历史上第一部描述乌克兰民族知识分子的长篇小说。除此之外他的现实主义历史长篇小说《梅科拉·斋里亚》讲述了农奴制末期乌克兰人民追求自由的故事,在当时引起了强烈的社会反响。伊万·弗朗科是当时乌克兰最著名的作家、学者、社会政治活动家以及文学活动的组织者,乌克兰利沃夫国立伊万弗朗科大学以他的名字命名。弗朗科的诗歌作品有政治抒情诗集《枯萎了的叶子》,小说代表作有《鲍雷斯拉夫在笑》《扎哈尔·拜尔古特》,戏剧代表作有《被偷走的幸福》。

19世纪末至20世纪初,乌克兰主要的文学流派是现代主义流派,该流派的特点是摒弃现实主义固有的特点,寻找艺术表达的新形式、新手段。现代主义流派又可细分为新浪漫主义、象征主义、颓废派及印象主义等流派。新浪漫主义是乌克兰文学中的早期现代主义流派,特点是追求个性解放,努力达到理想和真实生活的和谐。莱霞·乌克兰英卡是新浪漫主义的代表作家。莱霞·乌克兰英卡的真实姓名为拉雷萨·科萨奇。伊万·弗朗科评价她的创作:"自舍甫琴科以后,乌克兰没有听到如此强有力、热烈和充满诗意的声音。"他还把这位女诗人称为当时全乌克兰"唯一的男人"。莱霞·乌克兰英卡的作品有诗集《乘着歌声的翅膀》《思想和梦想》和《回声》。除此之外,莱霞·乌克兰英卡的诗体哲学戏剧也非常有名,如《疯狂的人》《巴比伦囚徒》《在地下避难所》等。莱霞·乌克兰英卡的戏剧代表作为《女贵族》,该剧是一部历史剧,揭示了17世纪下半叶乌克兰和俄国复杂的社会民族关系,该剧在苏联时期被官方禁止出版。

象征主义的特点是使用复杂化的形象语言,包括象征手法,以努力表达永恒感及事物中隐藏的神秘本质。梅科拉·沃罗内、亚历山大·奥莱斯、赫雷郝里·楚普琳卡等是当时乌克兰文学领域象征主义代表作家,象征主义文学代表作品有《白色画室》《一串》《梅杜萨》《逻各斯》等。

印象主义的特点是通过主观印象的棱镜细腻地反映生活。乌克兰印象主义的代表作家有梅哈伊洛·科秋宾斯基。其印象主义代表作有小说《苹果树的花》《插曲》《被遗忘祖先的影子》。在小说《被遗忘祖先的影子》中,作者将现实和幻想情节结合,神话元素、民族元素和胡楚尔方言的有机使用使该作品成为乌克兰文学中的经典作品。小说描绘了乌克兰喀尔巴阡山的自然风光,让人产生身临其境之感,还生动形象地描写了当地居民胡楚尔人的生活方式,给读者留下了深刻的印象。小说主要讲述了来自胡楚尔敌对种族的伊万和玛丽奇卡之间的爱情故事,这个故事被称为乌克兰版的罗密欧与朱丽叶。小说后来被拍成了电影,深受观众喜爱。

1930年至1980年间,苏联文学的主流艺术派系为社会主义现实主义流派,在当时的历史背景下,作家的文学创作须建立在阶层性、政党性、人民性、无产阶级国际主义的原则之上。国家书刊检查制度控制着作家创作。当时具有代表性的作家有安德里·郝劳夫科、奥莱斯·洪查尔、巴甫洛·扎赫莱拜里内。20世纪60年代,苏联政权对乌克兰知识分子文化思想的压制减弱,这时出现了一批出色的诗人和小说家,这些诗人和小说家被称为"60年生人",像伊万·德拉奇、梅科拉·维恩赫拉诺夫斯基、瓦莱里·舍甫楚克和赫雷赫伊尔·久久内克等都是当时杰出的代表诗人。丽娜·科斯丹科是乌克兰杰出的现代女诗人,她在"赫鲁晓夫解冻时期"参与了"60年生人"运动,主张保护被逮捕的乌克兰知识分子的公民立场,也因此被禁止文学写作16年。她2010年出版的政论长篇小说《乌克兰疯子的笔记》,引起了强烈的社会反响。她1979年发表的诗体历史长篇小说《玛鲁西娅·楚拉伊》堪称乌克兰文学中的经典,并获得了最权威的塔拉斯·舍甫琴科国家奖。

1991年独立之后,乌克兰的文学作品少了些激情和豪迈,社会主义现实主义的典型特征淡化。许多作品都带有讽刺意味,并大量采用在苏联时期被禁止的话题作为作品主题。如乌克兰大饥荒、情爱、毒品、评判社会等话题。文学家们开始运用新的文体手段,如后现代主义、先锋主义等。当代具有代表性的乌克兰作家有丽娜·科斯丹科、尤里·安德鲁哈维奇、谢尔盖·扎丹、玛丽亚·马吉奥斯、安德烈·科库夫、伊戈尔·巴乌柳克。

乌克兰音乐源于东斯拉夫部落的民间音乐,其发展涵盖几乎所有类型的音乐艺术,包括民间音乐和专业音乐,学术音乐和流行音乐。乌克兰著名的作曲家有米哈伊尔·韦尔比斯基、彼得·柴可夫斯基、尼古拉·莱森科、列夫·卢布斯基、格里果里·韦列夫卡、康斯坦丁·丹克维奇。

乌克兰的戏剧艺术源于古代,其表现形式主要来自民间游戏、舞蹈、歌曲及传统仪式。自11世纪以来,小丑的戏剧表演就已经盛行起来。在基辅罗斯时代,戏剧的表现形式主要体现在教堂礼拜仪式中。古典乌克兰戏剧的形成与波尔塔瓦戏剧领导人伊万·科特利亚列夫斯卡亚和新乌克兰文学艺术散文创始人格雷格里亚·克维特卡有关。乌克兰戏剧的传统特征为:滑稽和富有表现力,生动形象,幽默,与民间习俗紧密相连。在19世纪下半叶,业余戏剧活动在乌克兰推广开来。独立后的乌克兰出现了许多新的剧院,人们对民间和街头剧场的兴趣有所增加。乌克兰戏剧艺术日益融入欧洲文化空间。戏剧导演罗马·维克提克获得了世界的认可,他的作品对20世纪后期的世界戏剧美学做出了重大贡献。乌克兰著名的戏剧演员有波格丹·斯图普卡、波格丹·别纽克、娜塔莉娅·苏姆斯卡娅等。乌克兰有名的戏剧节有"五月基辅""金狮""捷尔诺波尔剧院晚会"等。

　　1911年,在叶卡捷琳诺斯拉夫郊区,第一部乌克兰制作的无声故事影片《扎波罗热塞契》上映了。乌克兰有名的电影节有基辅国际电影节、敖德萨国际电影节、国际短片电影节。乌克兰有名的电影制片厂有基辅国家电影制片厂、敖德萨电影制片厂、雅尔塔电影制片厂。

国之根本的教育

　　乌克兰可以说是一个文化大国,在此应介绍一下乌克兰的教育。1991 年乌克兰独立,当年通过了 40 多项教育修正案。如今法案的新修订版,经专家讨论由当局审批通过。每一位乌克兰公民不分性别、种族、社会经济地位、职业、宗教信仰、党派、健康状况、居住地点等都有权在国家教育机构获得免费受教育的权利。乌克兰从国家层面确定教育是社会经济、精神和文化发展的优先领域。国家在教育领域的政策由乌克兰最高拉达根据乌克兰宪法确定,由行政机关和地方自治机构执行。乌克兰教育结构包括学前教育、普通中等教育、校外教育、职业技术教育、高等教育、研究生教育、自修。设立的教育资格水平和学位有技术工人、初级专家、初级学士、学士、硕士、哲学博士、科学博士。

　　乌克兰的教育管理机构主要有乌克兰最高拉达(科学和教育委员会)、乌克兰内阁、乌克兰科学教育部。教育领域的管理工作通过以下部门进行:乌克兰科学教育部、隶属于教育机构的中央行政机构、国家教育监察机构、地方政府和相关机构。

　　乌克兰科学教育部的主要职责是:确定教育发展的前景和主要方向,制定国家教育标准;为每一门开设的课程设定知识标准体系;为学校教育机构提供最基本的物质技术及财政保障;为学校教育机构的运作提供法律法规和教学法的保障;制定并确立学校入学的基本条件;制定乌克兰内阁批准的关于教

育机构的草案条款;按照既定程序执行教育机构许可和认证的
事;组织和保障科学和教学认证制度的实施;保障教科书、参考
资料的编写和出版;对国家教育机构实施一定的管理;对由教
育机构实施的宪法规定或其他有关教育的规范性法律行为进
行控制;等等。

　　乌克兰学前机构的主要类型有幼儿园、托儿所、保育院。
学前教育机构的数量大约有 1.5 万个。乌克兰为所有公民提
供中等义务教育,年限为 11 年。中等义务教育分为三个阶段:
小学(提供初级教育,1—4 年级);中学(提供基础中等教育,5—
8 年级);高中(提供完整的中等教育,9—11 年级)。职业技术
教育根据学生的职业、兴趣、能力,进行职业前培训、进修,提升
学生的职业技能。公民的职业技术教育是在完全普通中等教
育或基础普通中等教育的基础上进行的,可使学生获得完整的
中等教育。职业教育机构的主要类型有社会康复职业学校、高
职院校、专业学校、职业艺术学校、培训中心。

　　乌克兰的高等教育机构类型主要有大学、研究所、学院、中
等专业学校。所有的高校都需要经过审核并获得办学许可证。
乌克兰自 1991 年独立之后,不断发展高等教育。乌克兰人口
总数约 4200 万,但高校有 800 多所,并且大部分高校具有 200
多年的历史。乌克兰的教育体系已经存在了几个世纪,高等教
育也已经有 600 多年的历史。乌克兰的教育有自己的特色,高
等教育的结构特别清晰,高校每个学年都是从 9 月 1 日开始。
一学年分为 2 个学期,9 月至次年 1 月末和 2 月中旬至 7 月初。
每个学期大约 18 周,其中包括两三周的考试时间。寒假大约 3
周,暑假长达 2 个月。如今,乌克兰全国高等教育院校有 803
所,其中普通学校为 117 所,中等专业学校 97 所,学院 245 所,
研究所 83 所,大学 198 所,科学院 62 所,音乐学院 1 所,可以看

出乌克兰高等教育院校中大学机构数量占很大的比重。

乌克兰的高等教育分为 3 种教育体制：第一种是国立学校，在乌克兰高等教育院校中有 415 所；第二种是公立学校，有221 所；第三种是私立学校，有近 170 所。

乌克兰高等教育体制分为 4 个等级水平，即 I 级、II 级、III级、IV 级。I 级和 II 级高等教育机构主要包括中等专业学校、学院，通常学习 3 年即可以拿到专科或本科学士学位。III 级和IV 级高等教育机构包括大学、研究所、科学院，一般学习 4 年到 7 年就可以获得学士、硕士、博士学位。

处于 I 级水平的是职业培训学校，结束中等教育的学生即高中毕业后可以直接升入职业技术学校，通常需要经过 3 年或者 3 年半的学习才可拿到专业证书。II 级也属于高等教育，但是属于中等技能，通常学习 3 年便可以拿到大专证书。而 III级和 IV 级高等教育机构主要包括大学、研究所和科学院。乌克兰的高等教育机构编制相对完善，教育水平因学校的不同而有区别，乌克兰教育部实施资格审定制度以规范教学。

不同的级别代表了毕业生资质的不同，分别有：中等专家（3 年或 3 年半）；学士（4 年）；专家（5 年）；硕士（5 年或 6 年）。I级和 II 级水平的学校一共有 478 所，其中 200 所是国立的，207所属于公立，71 所是私立的。III 级和 IV 级水平的学校是通过了高等教育认证的学校，一共有 325 所，包括 215 所国立学校、14 所公立学校、96 所私立学校。

乌克兰高等教育分为国立院校和私立院校。对于这 2 种类型的院校，大部分学生会选择上国立院校。乌克兰每个州的高等院校数量不同。高校数量最多的是基辅市，一共有 173 所高等教育院校；其次是在乌克兰东北部，有 302 所，主要集中在哈尔科夫、顿涅茨克、第聂伯罗彼得罗夫斯克；最后是利沃夫，一共有 70 所高校。在乌克兰各高校中,近几年比较热门的专业主要有经济及商务学、教育科学、法学、人文科学、自然科学、医学等。近几年,乌克兰国家高等院校的招生人数和毕业人数均有一定程度的增加。总体来看,乌克兰的教育系统有巨大的发展潜力,如果想去乌克兰留学,首先应该很好地了解乌克兰的高等教育体系,只有了解了教育体系才能够选择适合自己的学校,才能够更好地完成学业。

下篇

中国与乌克兰

友谊长存

中国一直奉行独立自主的和平外交政策，也因此结交了不少朋友，这当中就有乌克兰。

乌克兰是欧洲的重要国家之一。它的政治、经济、外交关系的重心基本都在欧洲。中国和乌克兰分处于亚欧两洲，距离遥远，但这并没有影响两国人民的深厚友谊。

乌克兰于 1991 年正式宣布独立。为了延续中乌友好关系和传统友谊，两国政府举行了建交谈判，并在建立和发展关系方面达成了一致。1992 年 1 月 4 日，根据两国人民的利益和愿望，在相互尊重主权和领土完整、互不侵犯、互不干涉内政、平等互利及和平共处这五项原则的基础上发展两国间的友好合作关系，并建立大使级外交关系，商定在平等互利的基础上根据公认的国际法则互相为对方在其全权代表履行职务方面提供一切必要协助，并分别于 1992 年和 1993 年在基辅和北京互设大使馆，两国之间的关系以及两国人民之间的友谊开启了新的篇章。建交以来，两国关系发展顺利，双方领导人互访频繁，并签订了一系列政府间的协议，为推动两国关系的顺利发展奠定了法律基础。[①]

1992 年 8 月，时任中国全国人大常委会副委员长的赛福鼎

---

① 张霄：《新时期不断发展的中乌关系》，《乌克兰研究》2011 年第 1 期，第 63 页。

带领中国人大代表团出访乌克兰,此次访问开启了中乌两国高层领导人互访的良好开端。同年,乌克兰总统克拉夫丘克应中华人民共和国主席杨尚昆的邀请于 10 月 29 日至 11 月 3 日对中国进行正式访问。10 月 31 日,中国和乌克兰在北京签署了《中华人民共和国和乌克兰联合公报》。在联合公报中,乌克兰政府重申了对台湾问题的立场,并明确指出不和台湾建立官方关系,中国则再次表示承认乌克兰独立、主权和领土完整。在此次的联合公报中,两国均表示要在政治、经贸、文化、科学、教育、体育和旅游等领域促进合作和交流。

在乌克兰总统克拉夫丘克访华期间,中乌两国分别签署了《中乌两国领事条约》《中乌两国互免签证条约》《中乌两国外交部磋商议定书》《中乌两国政府关于两国间条约和协定使用文字的谅解备忘录》《中乌两国政府文化合作协定》《中乌两国卫生部与医学科学合作协定》《中乌两国关于民事和刑事司法协助的条约》《中乌两国政府关于建立政府间经贸合作委员会的协定》《中乌两国政府关于鼓励和互相保护投资协定》《中国向乌克兰政府提供政府商品贷款协定》①等 10 个文件。除此之外,两国还签署了关于建立航空运输的纪要。此次访问使两国关系向前迈进了一大步,彼此之间的了解进一步加深,双方都坚信彼此之间拥有广阔的合作前景。

中国非常重视与乌克兰的关系。在 1994 年 9 月 6—8 日,中华人民共和国主席江泽民对乌克兰进行了为期 3 天的访问,并在访问期间于基辅与库奇马总统签署了《中华人民共和国和乌克兰联合声明》,并强调"中乌彼此视为友好国家",这意味

---

① 马贵友:《列国志·乌克兰》,社会科学文献出版社 2003 年版,第 279 页。

着,中乌政治关系已经具有坚实的法律基础,全面步入正常发展的轨道。1995 年 6 月,中国国务院总理李鹏率代表团访问乌克兰。同年 12 月 3—8 日,乌克兰总统库奇马访问中国。在库奇马总统访问中国期间,两国签署了《中华人民共和国和乌克兰关于发展和加深友好合作关系的声明》及一系列政府间协议。中国全国人大常委会委员长乔石于 1996 年 3 月 29 日访问乌克兰,在与库奇马总统会谈时表示,中国和乌克兰在国际政策问题上没有原则性分歧,双方的观点相同或接近。中乌双方还积极讨论了发展两国最高立法机构之间关系的问题,方便协调两国的立法文件以克服经济合作中产生的障碍。

2001 年,中国和乌克兰的关系获得了全新的定位。7 月 20—23 日,中国国家主席江泽民对乌克兰进行国事访问,希望通过此次访问进一步推进中乌政治互信,推动两国各领域合作深入发展,巩固两国关系发展的良好势头。在访问期间,中国国家主席江泽民分别与乌克兰总统库奇马、最高苏维埃主席普柳希、总理基纳赫举行了会谈、会见。在加强双边关系和共同关心的国际和地区问题方面两国元首深入交换了意见,并达成了广泛共识。两国领导在会谈中一致认为应在新世纪扩大和深化长期稳定、高度信任、相互协作的全面友好合作关系。中乌两国元首共同签署了《中华人民共和国和乌克兰关于在二十一世纪加强全面友好合作关系的联合声明》,并同时出席了《中华人民共和国和乌克兰关于移管被判刑人的条约》《中华人民共和国政府和乌克兰政府旅游合作协定》双边合作文件的签字仪式。两国领导人签署的《中华人民共和国和乌克兰关于在二十一世纪加强全面友好合作关系的联合声明》是指导两国未来关系发展的基础性政治文件,同时也是中国和乌克兰两国关系进入新阶段的一个重要标志,为中乌两国在 21 世纪关系的发展奠定了基础。① 2001 年,中乌两国建立了全面友好合作关系。

　　2010 年,中国和乌克兰的关系发展到了新的高度。在这一年,两国高层交往频率加大。华盛顿核安全峰会期间,中乌两国领导人进行了会晤,此后当时任乌克兰总统的亚努科维奇访问中国,中共中央政治局委员、广东省委书记汪洋访问乌克兰,中乌两国外长互访等一系列重大外交活动不断,非常有力地增进了中乌两国的政治互信。4 月,在华盛顿,两国领导人实现了历史性的会晤,中国国家主席胡锦涛与乌克兰总统亚努科维奇关于新形势下加强高层互访和政治对话,全面推进中国和乌克兰的关系达成了重要共识。9 月,乌克兰总统亚努科维奇访华,分别与中国国家主席胡锦涛、十届全国人大常委会委员长吴邦国、国务院总理温家宝进行了会谈会见。中乌两国元首发表了《中华人民共和国和乌克兰关于全面提升中乌友好合作关系水平的联合声明》,出席了《中乌关系 2010 年至 2012 年主要发展方向》等涉及中乌双边关系、航空航天、基础设施、金融、检验检疫、海关、商业、轨道交通、电力等诸多领域的 11 项合作文件的签字仪式。中乌两国领导人对两国关系及在各领域合作取得的成果给予了高度评价,并商定双方要从战略高度和长远角度出发,全面提升中乌关系水平,增加两国关系的战略内涵,致力于建立和发展战略伙伴关系;中乌两国决定成立副总理级政府间合作委员会,以便统筹和规划双方在经贸、科技、农业、航天、文化、教育领域的合作;确定了将两国年贸易额在 2012 年提高到 100 亿美元的目标,在科技、航空航天、基础设施等领域加强

---

　　①　张霄:《新时期不断发展的中乌关系》,《乌克兰研究》2011 年第 1 期,第 64 页。

和扩大务实合作。通过此次会晤,两国领导人在政治内涵、机制保障、务实合作目标等各个领域对两国关系的发展做出了明确规划,这是新形势下中乌两国关系发展的重要指针,标志着中国和乌克兰两国的关系以及两国在各领域的合作进入了全新的阶段。①

2011 年,中国和乌克兰建立了战略伙伴关系。2015 年 1月,中国国务院总理李克强与乌克兰总统波罗申科在瑞士达沃斯进行了友好会见;在 2017 年 1 月份的瑞士达沃斯世界经济论坛年会期间,中国国家主席习近平与乌克兰总统波罗申科举行了会见;2017 年 5 月,乌克兰第一副总理兼经贸部部长库比夫来华出席了"一带一路"国际合作高峰论坛;2017 年 12 月,中国国务院副总理马凯在乌克兰主持召开了中乌政府间合作委员会第三次会议,其间分别与乌克兰总统波罗申科、总理格罗伊斯曼、第一副总理兼经贸部部长库比夫举行了会见会谈。

2017 年,中国和乌克兰两国人民迎来了中乌建交 25 周年。在这 25 年里,中乌两国关系从友好国家慢慢发展成了战略伙伴。两国的合作从简单的商品贸易发展到了联合研发和全产业链合作,两国的人文交往更是从一开始的细水长流汇聚成了今天的大潮涌动。

1. 经贸合作方面。

经过多年的努力、探索与实践,中乌两国的经贸合作从小到大,从少到多,从单一到全面,可以说是经历了一个"质""量"双面提升的渐进历程。

1992 年至 1994 年,中乌两国贸易额由 1992 年的 2.3 亿美

---

① 张霄:《新时期不断发展的中乌关系》,《乌克兰研究》2011 年第 1期,第 64 页。

元增长到了 1994 年的 8.37 亿美元。这个时期,乌克兰的食品和轻工业产品等初级产品非常匮乏,但在钢铁、化肥等原材料生产和军工产品的生产方面却拥有很大的优势。因此,中乌两国实现了贸易产品的互补,中国用农副产品和轻工业产品交换乌克兰的原材料以及重工业产品,基于此,两国的贸易开始进行并得到扩大。

1995 年至 1998 年,中乌两国的双边贸易总额出现了大滑坡,从 1994 年的 8.37 亿美元下降至 1998 年的 2.75 亿美元。中乌经贸额出现下滑的原因是多方面的:一方面,乌克兰独立后,经济形势出现了一定的恶化,经济实力下降,国内生产总值持续负增长,货币贬值限制了乌克兰对进口商品的需求;另一方面,乌克兰国内市场得到了恢复,进口来源国增多,使进口产品竞争变大,中国出口乌克兰的商品受到了来自土耳其、波兰等国产品的竞争影响。

从 1999 年起,乌克兰国内经济形势出现了好转,经济实现了增长,消费品市场出现回暖。在这一年,乌克兰工业产值比上一年增长了 4.3%,日用商品产值增长了 7.2%,非粮食产品产值增长了 10.2%。在这种形势下,中乌两国的双边贸易状况得到了扭转。从 1999 年到 2008 年,在这 10 年的时间里,两国双边贸易总额从 4.21 亿美元增长到了 87.6 亿美元,年平均增长率达到了 42.3%。值得一提的是,从 1999 年起,中国开始从乌克兰大量进口机电产品及军工技术设备,这也是改善两国商品贸易状况的一个有利因素。

到 2017 年,中乌贸易额达到了 73.8 亿美元,同比增长了 9.9%,这个时期可以说是两国贸易稳步发展的时期。2017 年中国出口到乌克兰的贸易额为 50.4 亿美元,同比增长 19.5%,进口 23.4 亿美元,同比下降 6.2%。现如今,乌克兰是中国在独联体地区的第三大贸易伙伴,中国是乌克兰第二大贸易伙伴,也是乌克兰在亚洲最大的贸易伙伴。

中乌两国的经贸合作取得了一定的成效,两国贸易不断增长,但同时也存在一些问题,如两国的贸易主要以货物贸易为主,服务贸易和相互投资相对薄弱等。但随着乌克兰政局的逐步稳定,乌克兰政府积极发展经济,扩大与中国的经贸合作。中国提出的共建"一带一路"倡议,得到了乌克兰的积极响应和支持,中乌两国在农业、能源、基础设施建设、金融、高新技术产业领域有着广阔的发展前景。

共建"一带一路"将为中国和乌克兰两国的经贸合作提供巨大的机遇。乌克兰是最早响应共建"一带一路"倡议的国家之一,乌克兰政府对此给予了高度重视和支持,并表示愿意参与其中。乌克兰政府各方官员都表示,参与共建"一带一路"对乌克兰来说是一个重大的机遇,有利于中乌两国之间开展更广泛的合作。通过政治沟通,两国加强了政治互信,为彼此经贸合作的深入开展创造了便利条件。近年来乌克兰由于政局动荡、东部地区战乱,国家经济严重下滑,资金匮乏。而中国近几年经济迅猛发展,相对而言有充足的资金和先进的基础建设工程技术,中乌两国可开展深入的合作。乌克兰地处欧亚交通运输的中心,拥有便利的陆路、海上交通,地理位置优越,这为中乌两国开展过境运输合作提供了便利的条件,乌克兰有成为中欧贸易和物流重要枢纽的潜力。这一系列得天独厚的条件,都将为中乌经贸合作提供前所未有的新机遇。

在工业领域,中乌两国充满了合作商机。现如今,乌克兰政局逐步稳定,经济逐步回升,中乌两国在工业领域的合作前景非常广阔。在能源领域,乌克兰石油、天然气相对缺乏,但拥有丰富的煤炭资源,而中国拥有先进的技术可以帮助乌克兰建立煤制合成天然气生产厂,这一项目如果得到落实,预计每年可节约 40 亿立方米的天然气,创造 2000 余个就业机会。中国在核电技术改造方面拥有成熟的经验,可以帮助乌克兰对现有的核电站进行技术改造。交通基础设施领域,中国拥有先进的高铁建设、公路建设、港口建设改造技术,可以为乌克兰铁路的建设、提速,公路改造,港口建设、改造等提供资金和技术支持。在城市公共基础设施领域、信息技术领域,中乌两国都有广阔的合作空间。

在这里,要特别指出的是,中乌两国在农业领域的合作前景。乌克兰地处东欧平原南部,地势平坦,拥有世界上最为丰富的黑土地,农业资源丰富,被誉为"欧洲的粮仓"。而中国是一个人口大国,对粮食有很大的需求。中乌两国在农业合作领域互补性很大,合作前景非常广阔。在接下来的"一带一路"建设框架下,两国合作水平将会得到进一步的提高。中乌两国的经贸合作有着光明的前景,值得我们期待。

2. 科技合作方面。

中乌两国的科技合作起步较早,主要体现在成果多、合作形式多样化等方面。1992 年,中乌双方签署了政府间科技合作的协定,并在 1997 年成立了科技合作委员会,这样在法律和机制上很好地保障了两国科技合作的开展。中乌双方定期召开会议,交流该领域的合作项目执行情况,并商定下一阶段的项目合作计划。1994 年 4 月,中国、乌克兰联合委员会第一次会议在基辅召开,主要讨论中乌两国科学技术合作的问题。同年 12 月,乌克兰科学院院长巴顿率代表团访问中国。1995 年 5 月 3 日至 10 日,中国科学院代表团出访乌克兰。在此次访问期间,两国签订了科学院合作协议,中乌科技合作迈出了第一步。现如今,乌克兰国家宇航局和中国航天部已经建立了工作联系,并会定期进行人员交流。

2011年,中乌两国建立了中乌政府间合作委员会和一系列行业性分委会,代替了1997年至2010年间一共召开了8次会议的中乌联合科技合作委员会。在中乌联合科技合作委员会运作期间,中乌双边已经扩大了合作方向和范围,同时也在2年工作计划的框架下分别向98个项目提供了投资。

2012年,中乌政府间合作委员会科技合作分委会第一次会议期间批准了2013—2014年中乌科技合作计划,计划规定了一系列具体研究所和教育所间合作项目的实施。2016年6月23日,中乌政府间合作委员会科技合作分委会第二次会议在基辅举办。第二次会议期间,中乌双方讨论了两国的合作情况与前景,并批准了2017—2018年中乌合作计划。2016年6月17日,乌克兰相关人员在哈尔滨国际经贸洽谈会框架下举办了"中乌科技领域合作活动",乌方的科学家和黑龙江省企业代表分别向到会的贵宾展示了报告并做了发言。2017年11月,乌克兰代表团到访济南市,并参加了在济南举行的首次中乌科技创新会议,会议期间,乌克兰国家科学院和山东省科学院签署了合作协议。同年11月21—24日,乌克兰—中国科技创新展在基辅国际展览中心举办,有80余位对与乌克兰合作感兴趣的中国研究机构代表和企业代表参加了会展。

目前,中国与乌克兰的科学合作有两种形式——中乌科学中心与科技园。2002年在中国山东济南成立了第一个中乌高科技合作园。该机构致力于创新高效、高科技的交流手段,联合进行科技项目研究以及促进机构企业化、建立生产联合高科技企业。2003年1月,乌克兰国家科学院巴顿焊接院和哈尔滨焊接学院在黑龙江省哈尔滨市设立了中国—乌克兰焊接中心。2011年,中乌科技园在上海设立,主要开展研究海洋学与科技、生物医学、新材料、航空航天领域、新能源等。2012 年 11 月,江苏科技大学与乌克兰尼古莱耶夫市马卡洛夫国立造船大学在江苏省镇江市联合设立中乌船舶与海洋工程跨国技术转移中心。2016 年 6 月,中乌科技合作中心在哈尔滨设立。该中心主要开展科学合作,特别是焊接领域的科学合作。

中乌两国非常重视彼此在科技方面的合作,到目前为止,双方在该领域的合作已经取得了一系列成果,相信两国将来会有更多可喜的成果展现给世界。

3.教育合作方面。

乌克兰高等教育资源丰富,拥有一大批世界一流的大学。苏联时期,乌克兰曾是苏联的科技、文化和教育中心。在航空航天、硅酸盐、焊接、造船、医学等领域乌克兰都拥有卓越的成绩,其中实用发明和专利也占了苏联的 40%。基辅有名的科学院比俄罗斯科学院早成立 100 年。乌克兰名校众多,如:基辅大学,位列欧洲十大名校、世界高校 20 强之列;第聂伯罗彼得罗夫斯克国立大学以航空航天、卫星和导弹研究驰名世界;乌克兰国立技术大学,门捷列夫曾经在这里工作过,该学校的化学工程、新型材料等学科现如今仍然在世界上名列前茅;基辅国际民航大学在世界航空类大学中名列前三,学校共接收过来自世界上 100 多个国家的留学生;1805 年,哈尔科夫大学创立,现如今莫斯科大学物理系的许多资深教授几乎都毕业于该校。

乌克兰因为丰富的教育资源,近年来成为众多中国学生海外留学的主要目的地之一,这促进了两国教育合作的迅猛发展。1998 年,中乌两国政府签订了相互承认学历、学位证书的协议,该项协议为两国之间的教育合作特别是留学生交流提供了非常重要的法律保障,也进一步促进了双方的教育交流合作。两国政府每年定量互派公费留学生,目前中国累计接收乌克兰公费留学生 500 多人。中国在乌克兰的留学生有 7 万多。
中乌两国高校交流范围明显扩大,如今已有 17 所乌克兰院校
与中国 40 多所高校建立了校际合作关系,在人才培养、教师交
流、合作办学等领域进行了形式多样的合作。到目前为止,在
乌克兰已建立了 3 所孔子学院,并设立了 2 个汉语水平考试考
点。随着"一带一路"倡议的推出,以及中乌两国交往的日益密
切,汉语在乌克兰越来越受欢迎。除了高校开设汉语专业,在
乌克兰基辅市利沃夫大街 25 号有一所中学——基辅第一东方
语言学校,学校建于 1936 年,在 1956 年就开始了汉语教学,是
一所公立中学,每年为中国国家汉办举办的"汉语桥"世界大学
生中文比赛培养了许多优秀的参赛选手。在中国,多所高校已
经开设乌克兰语专业,这为中乌两国的长远发展提供了良好的
人才储备。

4. 文化交流方面。

文化交流方面,中乌两国都有着悠久的历史和古老的文
明,双方都希望通过文化交流更加了解彼此之间的文化和传
统,从而进一步加深两国人民之间的友谊。带着这样的愿景,
两国陆续签订了文化合作协议,举办了丰富多彩的文化活动。
其中 2014 年至 2016 年期间,乌克兰各地举办的中国官方大型
文化活动多达 54 场,文化交流活动达 61 场,官方往来团组 44
个,商演人数 3800 多。像"欢乐春节""新年树""中国电影周"
"金秋音乐会"等品牌深受乌克兰民众的喜爱,同时掀起了"中
国文化热"和"汉语热"。同样中国民众对乌克兰文化也表现出
了极大的兴趣。在第十五届"汉语桥"比赛中,来自基辅国立大
学孔子学院的学生曾子儒获得了欧洲冠军、世界亚军。除了官
方的交往外,两国地方和民间也保持着密切的往来,如今两国
已建立如湖北省—基辅州、福建省—敖德萨州、山东省—赫尔

松州、北京市—基辅市、青岛市—敖德萨市、天津市—哈尔科夫市等 24 对友好城市关系,两国地方代表团频繁互访,在开展地方间的经贸、科技、人文等领域的合作方面签署了协议,为进一步取得新的合作成果而不断努力。

浙乌交往

　　浙江省是中国境内第三批自由贸易试验区,可以说是中国经济发展最活跃的省份之一。浙江省在充分发挥国有经济主要作用的前提下,鼓励发展民营经济以带动经济的起飞,从而形成了具有鲜明特色的"浙江经济"。浙江省凭借其有利的地理位置(位于长江三角洲的南端,对外交通非常便利)和对外贸体制的深化改革,逐渐发展成为中国的外贸大省。在浙江省外贸的世界版图上,乌克兰虽然不是销量大国,但也占据着举足轻重的地位。据有关部门统计,2013 年浙江省对乌克兰出口金额为 143.5 亿元人民币,同比增长了 12.5％,进口 4 亿元,同比下降了 47.9％。而此时浙江省有上千家企业的产品出口乌克兰。2014 年 1 月份,浙江省对乌克兰出口额 13.4 亿元,增长0.67％,进口额为 0.11 亿元,下降 55.1％。浙江省出口乌克兰的产品主要集中在机电类,包括汽车、摩托车、农机、配件等,其次为纺织品、鞋类、家用电器、农药、箱包、体育休闲用品等。从2014 年 1 月浙江省的出口量来看,乌克兰在浙江省的全球出口市场中排名第 25 位,而在东欧出口国家中,对乌克兰的出口额仅次于俄罗斯、波兰,排名第三。① 2017 年,单义乌市与乌克兰的进出口总额就有 15.74 亿元,同比增长 17％,出口额为 15.7

---

① 罗凰凤:《乌克兰动荡 浙江外贸撞了一下腰》,《钱江晚报》2014年 3 月 5 日,第 13 版。

亿元,同比增长 13.4%,进口额为 455 万元,同比下降41.48%。
到 2018 年上半年,义乌市与乌克兰的贸易进出口总额为 10.72
亿元,同比增长 41.54%;其中出口额为 10.67 亿元,同比增长
41.17%,进口额为 541 万元,同比增长 19.4%。

从上面的一系列数据中可以看出,浙江省与乌克兰的关系
往来是非常紧密的。乌克兰属于"一带一路"沿线国家之一,而
浙江省在数千年前,曾是古丝绸之路中重要的商品生产地和集
散地,拥有有利的地理位置和丰富的实践经验,因此"一带一
路"倡议的实施对于浙江省来说是发展的新机遇,对乌克兰而
言也是一个借力发展的契机。

1. 科技方面。

2004 年 7 月 5 日,浙江省人民政府与乌克兰国家科学院在
基辅签订了科技合作协议书,为浙江省与乌克兰国家科学院开
展全面科技合作奠定了重要基础。以下为乌克兰科学院提供
给浙江省的科技合作项目表。

乌克兰科学院与浙江省的科技合作项目

单位名称	项目数量(项)
乌克兰科学院巴顿电焊所	1
乌克兰科学院半导体物理所	14
乌克兰科学院南海生物所	2
乌克兰科学院巴拉金生物化学所	6
乌克兰科学院物理所	1
乌克兰科学院微生物学和病毒学所	7
乌克兰科学院卡尔京研究所	20
乌克兰科学院生物有机化学和石油化学研究所	11

单位名称	项目数量(项)
乌克兰科学院高分子物化学所	6
乌克兰科学院比萨尔热夫斯基物理化学研究所	1
乌克兰科学院实验病理、肿瘤和放射生物所	1
乌克兰科学院格卢什科夫控制论所	1
乌克兰科学院植物生理遗传研究所	1
乌克兰科学院通用和无机化学所	12
乌克兰科学院信息记录所	1
乌克兰科学院有机化学所	17

(1)乌克兰科学院巴顿电焊所。该所是金属焊接和专门电冶金领域世界知名的科研中心。研究所科研工作的主要研究方向是:熔焊和钎焊物理过程综合性研究,并以此为基础建造设备和建立不同厚度金属连接高效工艺流程;焊接联结、结构承重能力和强度研究。合作项目名称为"大厚度钛合金电光焊接能源密度分布控制技术研究"。

(2)乌克兰科学院半导体物理所。该所是乌克兰国家科学院下属院所,成立于1960年,由科学院物理所的几个部门和实验室组成。半导体物理所研究领域为:半导体物理和半导体器件,半导体材料科学,光学和光谱学,光电子,传感,半导体材料诊断和认证,远红外光电子,发布信息用液晶和电子仪器设备,交流电子,半导体太阳能工程。

(3)乌克兰科学院南海生物所。推荐的项目是南海生物所开发的,主要用于研究化妆品香波和面油的生成物质。该种物质是从褐色水草中提取的,可以在多价金属(包括放射性物质)含量过高的地区使用。

（4）乌克兰科学院巴拉金生物化学所。该所成立于 1925 年，其主要的科研方向有：借助低分子生物活性物质（维生素、辅酶、缩氨酸、金属离子），解释新陈代谢过程调节的生物化学机理；研究复杂蛋白质系统和超分子系统的结构、物化性能和生物功能；研究生化药物、医疗和兽医诊断物的生产方法和实际运用。

（5）乌克兰科学院物理所。该所成立于 1929 年，是在基辅理工学院物理科研室基础上成立的，目前是乌克兰科学院物理方面最老的研究所，许多有名的科学家都在这里工作过。乌克兰科学院物理所完成了 5 项发明，获得了列宁奖、4 次苏联国家奖和 15 次乌克兰国家奖。物理所主要的贡献是发展激子物理、分子晶体、半导体晶体和液晶、量子电子、非线性光学和全息照相术、物理电子、表面物理、等离子合粒子束物理。物理所现有员工 500 人，其中包括 235 名研究人员，有 2 名院士，7 名通讯院士，48 名博士，149 名副博士，约 40 位获得过国家奖。该所的科技活动主要研究方向为：非金属和液体晶体物理，物理电子、固体表面上的电子和原子过程，生物物理，激光物理，非线性光学和全息照相术，放射过程物理，接近离子源的离子束中的过程物理。合作项目简介：通过用激光感应等离子切开法，开发和研究蓝宝石等其他透明光学材料新的实用性微处理工艺。

（6）乌克兰科学院微生物学和病毒学所。对生物医药、波维拉克特——一种新的用于新生小牛的广谱抗生素、药物"拉克托桑"——防止猪患肠胃病（大肠杆沙门氏菌等）的天然物质、药物"细菌列克金"——可以用作高敏诊断和全新作用机理的有效药物、新一代生物素药物进行研究。

（7）乌克兰科学院卡尔京研究所。该所共有 20 个合作项目,这些项目分别是热电厂深度净化粉煤燃料的高梯度低温磁性分离器,加入高炉中的粉煤燃料深度净化的高梯度低温磁性分离器,采矿企业电网(660—1140 伏)中保护人体免受电流伤害的系统,测量磁感应用的核磁共振特斯拉标准测量仪(17 特斯拉),ДРОН 系列衍射仪信息收集和管理电脑系统,功能和结构材料弛张光谱用自动系统,防止鱼进入工业抽水机设施电梯度工艺,核磁共振现象实用研究的实验台,少磁异常探测器,结构陶瓷,基于 Z_rO_2 的粉末和陶瓷制造纳米技术,热固性塑料制造的热缩接头,低电平电子信号传送电缆,辊轧机轮子,用于乳腺疾病早期诊断的数字触摸自记式温度计,高梯度低温磁(超导)分离器,温度显示器和工艺设备的自动系统,精密导线,成套机电平控制块,带内置控制卡和 MIT 显示器的动脉血压和脉搏频率测量仪 OMRON MIT。

(8)乌克兰科学院生物有机化学和石油化学研究所。在农业中推行使用植物调节剂等节能型高技术是提高植物栽培产品的质量、降低能耗的有效措施。植物调节剂是指天然植物激素、其人造类似物或复合试剂,它们含有可以有针对性地调节植物生长的激素、生物活性物质、微量元素平衡复合物。生物促进剂可减小自然或人为不利因素对植物的影响,比如温度的极限下降、水分缺乏、农药的植物毒性作用、感染疾病和虫害等,从而使其保持一定的稳定性。在乌克兰科学院有机化学和石油化学研究所成立之日起(1987 年)的 15 年间,其研究了新一代植物生长调节剂,它既是高效的又是生态安全的。它们能活化植物的生命作用主要过程——膜的过程,细胞分裂,发酵系统,光合作用,呼吸和营养过程,促进植物栽培的生物效率和作业效率提高,降低产品中的硝酸盐、重金属离子和放射性核素含量。研究证明,新型植物生长调节剂在效能上与国际最好的试剂相当,工艺指标和价格水平有明显优势。

(9)乌克兰科学院高分子物化学所。该所是乌克兰研究和
开发聚合物、合成材料的主要科学中心,成立于 1958 年(1964
年前称聚合物和单体化学研究所)。研究所的关键研究领域是
聚合物化学、聚合物复合体化学和物理化学基础研究,聚合物
及以聚合物为基础的复合物的材料和功能化技术,建立适合医
学应用的改性聚合物材料理论基础和技术研究。开发的产品
有聚合物复合材料、聚氨酯、环氧氨基甲酸乙酯、导电材料、紫
外辐射固化胶、润滑冷却液体、低聚表面活性物质、能反应的低
聚物和橡胶、相互渗透的聚合物网、膜式聚合物、医用聚合物
等。研究所有 10 个部门和实验工厂,用于开展科研工作和把
研究成果转化成实际产品。

(10)乌克兰科学院比萨尔热夫斯基物理化学研究所。该
所主要研究项目名称:使机器制造、能源及交通中重要结构无
事故工作时间延长的材料。项目简介:使机器制造、能源及交
通中重要结构无事故工作时间延长的全套方法及材料,包括进
行彩色和磁粉探伤的手段,密封胶和防腐保护复合物。使用成
套方法可以在早期阶段显示焊缝和基础金属的微小缺陷,防止
它们继续存在引起结构破坏和引发事故。

(11)乌克兰科学院实验病理、肿瘤和放射生物所。该所成
立于 1960 年,由 17 个部门和实验室组成。所内成立的拉本国
际实验室,专门诊断血组织增生和研究遭受切尔诺贝利核事故
影响的人。该所保持着同美国、加拿大、日本、德国、法国、瑞
士、意大利和英国各科研机构的联系。在重大课题上开展科研
工作,让该所在解决实验和临床肿瘤基础及应用问题方面取得
了很大的成绩,比如,对染色体组和蛋白酶组水平上的变化进
行定性,可以反映人肿瘤的生物特点;在确定系列基因结构变

化和结合肿瘤过程引起及发展的肿瘤特征标志方面取得了一系列非常重要的成果；研究演变的控制途径；分析了细胞恶性转变的自然规律；对属于化学和辐射癌变时基因和细胞变化的分子机理进行定性。其中大量成绩，是该所在研究肿瘤治疗过程形成药物免疫力的生物特点中取得的。该所主要研究方向：研究致癌的分子和细胞特点，目的是开发早期诊断方法，探索恶性过程的新治疗战略；研究抗肿瘤免疫力机理和建立机体保护系统恢复方法；研究电离和非电离放射作用的机理，针对生命系统组织不同水平开发放射效果校正方法；研究机体吸附去毒机理，在此基础上建立人造器官系统。

（12）乌克兰科学院格卢什科夫控制论所。该所成立于1957年，当时称乌克兰科学院计算机中心，1962年更名为控制论所，主要研究计算机技术和控制论任务的发展及其在经济、科学和国防各个领域的运用。控制论所的程序调节和计算系统中心是乌克兰国家科学院从事开发和建立信息计算系统、视野计和工程的技术保护系统的主要单位。该所推荐的建立技术保护系统全新理念，实际上适合人们生活的所有领域。该理念的基础是采用巴尔达琴科密码信息识别和输入新方法。该方法受乌克兰、俄罗斯、美国、德国、加拿大等国的专利保护。BIK（Bardachenko Identification Key）识别器是世界上唯一的身份真实识别器，而不是众所周知的普通识别器。BIK可以让人不用担心遗失、盗窃、复制、克隆，可以让人在地球任何地方通过通信渠道进行授权，用不着一大串的钥匙，取而代之的仅仅是一个可以重新调整的BIK。根据技术保护系统的全部技术经济参数，采用BIK几倍优于世界现有已知的技术方案。

（13）乌克兰科学院植物生理遗传研究所。该所现有员工276名，其中包括58名科研人员（40名博士，18名副博士）。所里有 12 个科研部门,即实验诱变发生、遗传工程、分子遗传、光合成生理学和生态学、光合成生物化学、营养生理学、植物水状态生理学、除草剂作用生理学等部。除草剂作用生理学部工作的主要方向是研究除草剂作用机理,开发新的除草剂系统,新的除草剂、除草剂解毒剂和增效剂,在乌克兰办理除草剂国家注册。开发酶素药物分离技术,转让这些技术用于产业化。合作项目名称为"使用于大豆土壤中的高效新型除草剂解毒剂"。

(14)乌克兰科学院通用和无机化学所。该所提供的 12 个科技合作项目为:生产纳米碳、纳米金属及以无机氧化物为母体的疏松体中的合成物;电化学法生成无线电器高电流部件的导电面层;将含 Rh-、Ru 的二次原料加工成铑和钌的电化学镀层电解液;加工含金原料,提取金的选择性有 98%;加工含铱原料;加工含硒、碲的二次原料;柴油发动机冬季发动前准备用的专门陶瓷加热器;注入合金组分,生成耐磨、防擦伤机器和设备摩擦部件工作表面;新型生物活性多元贵金属合成物,建立未来药物的基础;家禽、家畜抗贫血作用生态环保生物活性添加剂;生产和利用硫酸铁凝结剂;电解法生产半胱氨酸技术。

(15)乌克兰科学院信息记录所。该所成立于 1987 年,主要从事信息光记录系统、信息载体和光元件制造工艺的开发。该所主要开展下列科研方向的研究:信息光记录的物理基础、原理、方法和系统;建立电脑信息分析系统的理论基础和应用方法,研究和开发电脑系统和网络信息的保护方法,建立决策支持鉴定系统;开发、建立数据库和知识库电脑网络系统和方法、电脑信息大传输系统;建立具有信息稀有载体的声像重放系统和非破坏性层析 X 射线摄影法信息记录系统。

(16)乌克兰科学院有机化学所。该所于 1939 年 5 月 23 日成立,目前有 10 个科研部门和 1 个实验工厂,员工有 285 人,其中科研人员有 121 人,包括 23 名博士和 91 名副博士。主要的研究方向为:有机物反应能力、色度、结构的理论和实验研究;精细有机合成,异原子有机物化学;大环状化合物超分子化学;合成具有实际有效性能化合物的科研理论,包括生理活性物质、花青颜料、有机催化剂和一些络合剂。在该所形成的花青颜料合成和色度理论、有机反应机理、磷有机物化学科研成果享誉全球。

2005 年 10 月 27 日至 29 日,浙江省落实浙江省科学技术厅与乌克兰科学院签署的《浙江省政府与乌克兰科学院科技合作协议书》,在更大范围、更广领域和更高层次上参与国际经济技术合作与交流,进一步加强与乌克兰的科技合作与交流,从而充分利用其科技资源,引进技术,建立科研机构,促进企业间的广泛联系。

2017 年 5 月 26 日至 28 日,浙江省科技厅副厅长王坚率团访问乌克兰。访问期间,在乌克兰国家科学院,双方签订了科技创新合作备忘录,在合作研发、技术转移、共建联合实验室等方面开展实质性合作。同时,浙江省科技厅副厅长与乌克兰国家科学院院士分别为“浙江省光电信息技术国际合作联合实验室”和“浙江省高端装备激光制造国际合作联合实验室”挂牌。除此之外,浙江省代表团还拜访了基辅眼科中心,就产学研国际联盟儿童斜视矫正眼镜首个合作项目成功在浙江转化、产业化与乌克兰国家科学院信息所进行了具体商谈。此次访问,是浙江省率先响应“一带一路”科技创新行动计划的重要举措。

2017 年 8 月 9 日,中国—乌克兰儿童斜视诊断与临床治疗医学经验交流会在浙江省义乌市视力矫正研究会大楼中举行。交流会上,乌克兰国立医学院研究生院眼科系主任赛吉·李可夫斯基教授与我国眼科医生交流分享自己的研究团队在利用硬膜压贴三棱镜治疗儿童斜视方面取得的研究成果和临床经验。此外,在会上,义乌视力矫正研究会还与乌克兰儿童眼科医师和验光师协会签署协议,并建立合作单位关系,期待在斜视矫正领域实现合作。为进一步响应"一带一路"倡议,浙江省科技厅推荐硬膜压贴三棱镜作为浙江工业大学义乌科学技术研究院和浙江省光电信息技术国际合作联合实验室的国际科技合作科研成果,作为中国科学技术部与乌克兰教育科技部在基辅国际展览中心联合举办的"中国—乌克兰科技创新展"的参展项目。

2. 文化方面。

浙江国华演艺有限公司邀请乌克兰基辅二十一世纪演艺公司艺术团于 2007 年 3 月 15 日至 2008 年 3 月 14 日期间来浙江进行文艺演出。通过此次演出,浙江省的人们对于乌克兰的文化和艺术有了更好的了解,乌克兰艺术在中国民间得到了更好的传播和交流。

2017 年 11 月 2 日,由乌克兰国家艺术联盟、中共义乌市委宣传部主办的"丝路新都·文化义乌——乌克兰知名艺术家义乌主题创作作品展"在义乌市图书馆开幕,50 多件反映义乌文化的外国艺术家作品在此次展览中亮相。义乌市作为共建"一带一路"的重要节点城市,在国际贸易综合改革方面起着表率作用,同样也在促进中外文化交融发展方面做着努力。2014 年 11 月,为促进中外文化艺术交流,推动义乌文化艺术事业的发展,义乌市联合乌克兰国家艺术家联盟举办了"对话"第二回——中国·乌克兰油画展,开启了乌克兰与义乌的文化艺术交流。此后,在双方的共同努力推动下,乌克兰国家艺术家联盟相继参加了第十届、十一届、十二届中国(义乌)文交会。2015 年 11 月中旬,乌克兰国家艺术家联盟中国创作基地正式在佛堂文化旅游区挂牌成立,20 多名乌克兰功勋艺术家、人民艺术家来到义乌,考察交流,写生创作。这20位艺术家用3年的时间了解了义乌,参观了义乌的国际商贸城,参观了义乌的名胜古迹,了解了这座城市的历史,观看了地方古老的戏曲,听了很多民间故事。之后20位艺术家将他们所看到的、所听到的、所感受的,用他们西方人的视角和观念一幕幕描绘在画板上。这次画展很好地体现了西方艺术家和人民对中国文化的认知和认可,也是中乌两国文化交流繁荣发展的体现,使更多的人了解中国,了解浙江,了解义乌。

3. 教育方面。

浙江国际海运职业技术学院主动对接"一带一路"倡议和教育部创新行动计划中的国际教育合作项目,帮助"一带一路"沿线航海教育相对落后的国家和地区培养国际船员,与乌克兰合办国际海事学院,并于2018年6月29日举行了浙江—乌克兰国际海事学院的签约揭牌仪式,此举标志着浙江优质的海事教育资源开始向海外输出。

2018年7月14日,浙江农林大学暨阳学院赴乌克兰苏梅国立农业大学访问考察。访问期间,双方签订了《浙江农林大学暨阳学院与乌克兰苏梅国立农业大学本科"2+2"学分互认协议》,共同商讨了"3+1+1.5"硕士研究生联合培养项目、MBA联合培养项目、博士研究生联合培养项目,并就共同建设国际学校事宜初步达成一致意见。考察团17名师生在乌克兰苏梅国立农业大学进行了为期一个月的学习实践,与乌方青年师生开展了文化交流,以进一步深化学校之间在人才培养、科研、文化交流等方面的合作。

乌克兰的浙江人足迹

（一）年轻的支教老师

第一个要分享的是一位 19 岁女大学生的故事。刘紫璇是宁波诺丁汉大学财务管理专业大一学生,2016 年 4 月,她通过学校 AIESEC 社团(AIESEC 是世界最大的青年学生组织,跨越全球 126 个国家和地区)了解到,有一个暑期前往乌克兰东部小镇波尔塔瓦的支教项目,教英语。于是,她决定去尝试一下。这是刘紫璇第一次离开家到那么远的地方去,还是异国。但她并没有因此而胆怯,而是满怀着新奇,开始了这趟异国之行。6 月 3 日,刘紫璇从上海出发,先坐 5 个小时的飞机到哈萨克斯坦,然后转机 3 个小时飞到乌克兰首都基辅。在 AIESEC 营地和其他 100 多名来自全球各地的志愿者一起休整一天,转天再坐火车前往乌克兰东部的小镇波尔塔瓦,到达目的地时已经是凌晨 3 点。刘紫璇被安排寄宿在当地一个家庭里,虽然是凌晨 3 点多到,但让刘紫璇意外的是,一打开门,家里的女主人和小女儿居然还在等着她,并给了她一个温暖的拥抱。

当地人对刘紫璇非常友好、热情。刘紫璇被安排到当地的一所中学,负责给夏令营的孩子教授英语课。孩子们知道她来自中国后,都对中国充满了好奇,每当上完课,孩子们就会提出很多关于中国的问题。刘紫璇觉得她有必要向大家介绍一下中国,让他们了解一下中国的文化。刘紫璇用课余时间精心地

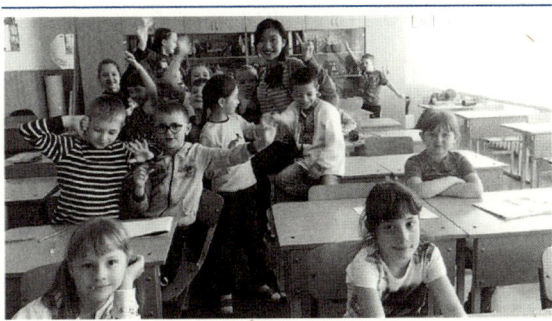

刘紫璇和孩子们在一起

做了一个 PPT。在 PPT 上,她放了在上海、海南旅游时的照片,还放了一些中国美食的照片。学生们都看得非常认真,从神情中刘紫璇看出每个孩子对中国的向往。在这之后,当地的师生们还跟着刘紫璇学习中文。在英语课上,刘紫璇不光教英语,偶尔也会穿插几个简单的中文词语,英语课成了多语种课堂。

在刘紫璇支教 3 周左右时,她接到了一个通知,说是当地的政府官员要和她见面。2 天后,有工作人员来接她和在其他地方支教的 2 位老师会合,一位是立陶宛人,另一位也来自欧洲。他们被带到一个会议室,一进入会议室就看到很多记者,有的还扛着摄像机。经介绍,刘紫璇才知道,要见他们的领导是波尔塔瓦州的州长(相当于中国的省长)。州长热情地同刘紫璇握手,并表示非常高兴看到中国的志愿者参与了这个公益项目。刘紫璇是 3 个志愿者中年纪最小的,看到其他 2 位志愿者在接受采访,活泼可爱的她便拿出手机和州长玩起了自拍,这一幕被媒体拍下,登在了当地的报纸和网站上。

支教的日子在不知不觉中结束了,7 月 2 日是刘紫璇离开的日子,她与学生们一一道别,孩子们都很舍不得她,临行前一天,孩子们围着她唱歌、合影。刘紫璇将她带的中国小礼物送给大家做留念。虽然只有短短的一个月,但在这短短的一个月里,刘紫璇在一个陌生的国度告诉人们中国是什么样子的,让人们初步了解了中国的文化和国情。她本人说这种体验才是她作为支教志愿者最大的意义。①

(二)乌克兰的绍兴商人

位于黑海之滨的敖德萨,是乌克兰最主要的港口城市,在距离敖德萨市中心 7 千米的地方,有一个由集装箱组成的"七公里市场"。"七公里市场"成立于 1996 年,占地数百公顷,相当于 140 多个标准足球场大小,这里是乌克兰最大的商品集散地。商品除少量来自土耳其、波兰等国家,其余百分之七八十来自中国。因敖德萨悠久的历史传统、有利的地理位置,"七公里市场"经过几十年的发展,逐渐成为一些海上舶来品的集散地。现在有 6 万多人在市场里工作,一提起"七公里市场",当地人没有不知道的。

"七公里市场"的中国商品主要包括纺织品、服装、鞋类、玩具及电器等,许多商品就是从这里走向了东欧市场。乌克兰有 2 万多华人,中国留学生大部分集中在首都基辅和第二大城市哈尔科夫,中国商人则主要集中在敖德萨。在"七公里市场",华人商铺有 2000 多家,占总商铺的 10%,商人大多来自东北、浙江和四川,其中浙江人主要以温州人和丽水青田人为主。而在乌克兰打拼的绍兴商人不是特别多,主要集中在敖德萨、基辅,主要做纺织品、服装生意。在敖德萨还有一个"六公里市

---

① 邵巧宏:《19 岁女生去乌克兰支教一不小心成了当地网红》,《钱江晚报》2016 年 8 月 12 日,第 4 版。

场",规模和名气不如"七公里市场",但"六公里市场"主要销售纺织品并且已经形成了一定的规模。在这个市场里有一些绍兴人。

叶俊乔,一位来自浙江绍兴柯桥的商人,在敖德萨经商已经10年,在"七公里市场"主要经销纺织品。"七公里市场"每逢周五休市。这一天叶俊乔会和家人在家里休息。

在2014年乌克兰发生武装冲突的那段时间里,时不时有数千名亲政府民众,在敖德萨市内举行支持乌克兰统一的游行,与数百名支持联邦制的反政府民众发生武装冲突,造成了46人死亡。城市里虽然有冲突骚乱,但"七公里市场"内秩序还算稳定,叶俊乔他们还是正常开市、休市。当地政府以及反对派力量,并没有干扰市场商户的经营行为。虽然各地的骚乱没有对民众的生活和工作造成太大的影响,但对于像叶俊乔一样的商人来说,最大的困难就是汇率不稳定,乌克兰货币格里夫纳对美元的汇率一直在跌,在4个月内贬值率达到30%。这直接导致了很多商家的库存开始积压,出货速度放缓,很多商人都不敢进货,进了就可能面临亏本。这种局面随着乌克兰政局的稳定而逐渐好转。

平日里的"七公里市场"在清晨6点就是一片繁忙的景象,车辆与人流交织在一起,或是运货的,或是进货的。在"七公里市场"的门口,有保安进行检查,大门上贴着禁止照相的标志。像叶俊乔这样的中国商人都是早上早早出摊,不会耽误一秒。因为每一个摊位都要交很高的租金,特别是货物销售旺季,每个摊主都是争分夺秒。乌克兰在绍兴商品出口总额中占的分量不是最大的,却是增长速度最快的,因为大家都看到了这个新兴市场的商机,所以哪怕是在乌克兰政局混乱、不稳定时也不愿意放弃。浙商们一方面继续加强与乌克兰当地经销商的交流;另一方面,积极开拓乌克兰周边国家的市场,如立陶宛、波兰等新兴市场的外贸销售渠道,让企业在僵局中找到新的外贸商机。浙商们就是凭借着这股勇于探索、不屈不挠的精神,将浙江的商品销售到了全世界。

来自第聂伯河畔的朋友们

浙江省与乌克兰除了国家政府层面的经贸、文化、教育合作往来外,民间关系也非常密切,一些跨国情缘就发生在我们的周围。

(一)不一样的小区业委会主任

小区业委会主任这个职务在中国各个小区里是非常普遍的,但是在浙江省金华市怡景园小区担任这个职务的人却是一位金发碧眼的外国姑娘。这位走在路上回头率百分之百的外籍姑娘名字叫安娜,来自乌克兰。2001年她到浙江师范大学留学,毕业后嫁给了一名中国男子,当起了标准的中国媳妇,跟丈夫一起定居在了金华。2013年,小区里推选新一任业委会主任,在家人的鼓励和好多业主的推荐下,安娜便自告奋勇地参与了竞选,并当选为怡景园小区新一任业委会主任。安娜上任后,尽心尽力地管理着这个只有4幢房子的老小区,从鸡毛蒜皮的小事到小区的环境规划,她每件事都亲力亲为。很多人可能会觉得安娜可供自由安排的时间比较多,太过清闲了才会有这么多时间管理小区各种琐碎的事情,其实不然。安娜还有一个身份是西餐厅的老板,她经营着一家西餐厅。她很好地分配协调好了餐厅老板和小区业委会主任这两个身份,餐厅的经营事业有条不紊地进行着,小区的各项事情也是按部就班。在她的管理下,这个老小区并没有破旧脏乱的痕迹,而是充满了家的温馨。安娜性格直爽,心直口快,爱管闲事,小区谁家有什么需要帮忙的她都热情地给予帮助,她把这里当成了自己的家,小区里的每一个人,都是她在异国的亲人、朋友。在小区居民的眼里,安娜既是一位时尚的乌克兰美女,也是一名典型的"中国式大妈"。

(二)让高雅艺术走进更多杭州人生活的乌克兰音乐教师

在杭州滨江的江虹艺术馆里,一场精彩的室内音乐会吸引了大批观众。在音乐会的演奏者中,一个高鼻梁、蓝眼睛的外国人格外引人注目,他就是杭州师范大学的乌克兰籍音乐教师维克多·巴达诺夫。

这已经不是维克多第一次参与推广高雅艺术的公共活动了。在教学工作之余,维克多希望自己成为一个艺术的传播者,让更多中国人感受西方古典音乐的巨大魅力,做东西方交流的使者。

(1)喜爱中国功夫的乌克兰人。

从电影《战舰波将金号》中的雄伟阶梯到巴别尔笔下的红色骑兵军,被誉为"黑海明珠"的乌克兰城市敖德萨总是给人丰富的文化联想,普希金、柴可夫斯基、李斯特也曾在这里留下了深刻的印记。就是在这座乌克兰著名"音乐之都",一对分别来自东西方两个国度的年轻人因为音乐结下了情缘。

10多年前,在敖德萨国立音乐学院里,研修低音提琴演奏的乌克兰青年维克多结识了同在这里学习的中国姑娘马薇。因为对艺术的共同热爱,两人很快坠入爱河。2006年,维克多跟随爱人的脚步来到浙江,进入杭州师范大学任教。

"来到中国对我而言不同于去其他西方国家,文化差异和语言隔阂要更加明显,这无疑是一个非常大的挑战。"维克多告诉记者,在乌克兰求学的时代,他就从意大利剧作家普契尼的作品《蝴蝶夫人》《图兰朵》中产生了对遥远东方的兴趣,中国深厚的历史积淀让维克多热切渴望领略这里的文化艺术。

如今的维克多已经讲着一口流利的中文,习惯了在这里的生活模式,而且和妻子有了一个可爱的儿子,把杭州当成了自己的第二故乡。"我在浙江杭州生活了 10 年,也见证了这座城市 10 年来的变化。在经济高速发展的同时,这里日益浓郁的文化气息和国际氛围,都让我感受到无比的欣喜。"

维克多对中国的国画、书法都很有兴趣,甚至还颇为精通中国的武术运动。他说,从 20 世纪 80 年代第一次看到电影《少林寺》,自己就对神秘的中国功夫充满了向往。练武不仅可以强身健体,也是他感受中国传统文化的一种方式。在前不久举行的 2016 年浙江国际传统武术比赛上,维克多还与儿子组成"父子兵"登台亮相,双双获得了出色的比赛成绩。

(2)推动人才培养的音乐教育专家。

在西子湖畔度过的 10 年,是维克多艺术教育生涯中最为宝贵也是最有成就的年华。如今,集交响乐团指挥、室内乐艺术指导和低音提琴演奏教师于一身的维克多已经成为在西方古典音乐教学、指挥和演奏领域有着丰硕建树的外籍专家。

许多杭师大的学生都对这位乌克兰老师有着深刻的印象。在维克多的努力下,杭师大的学生交响乐团逐步发展成为一支具有专业化水平的演出团队,开展了大量演出交流活动,为高雅艺术走进校园做出了很大的贡献。维克多不仅指导学生在全国和省内的各类比赛中获得优异的成绩,还受浙江交响乐团、杭州爱乐乐团的邀请担任客座指挥。

与此同时,维克多也在中国与乌克兰的文化、教育交流合作中付出了大量心血,并促成乌克兰"La vivo"男声阿卡贝拉合唱团来杭州演出。在上海世博会期间,维克多还指挥浙江省交响乐团,通过与世界著名乐团"神秘园"合作,为上海世博会挪威馆摄制展馆的宣传视频。2009 年,浙江省政府向维克多颁发了"西湖友谊奖",以表彰他为浙江经济社会发展所做出的贡献。

"音乐对人的陶冶功能很早就已经被认识,早在古希腊时代就被视为教育中不可或缺的一部分。在今天,越来越多的中国家长也选择让自己的子女接受音乐培训,甚至走上专业化的艺术道路。"维克多认为,尽管学习音乐技巧需要通过大量的训练,但最重要的不是技巧本身,父母应该让孩子从小学会通过音乐表达内心的感受。中国的学生数量非常多,如果可以合理地挖掘他们各自的个性,其中一定可以发现具有杰出天赋的音乐人才。

(3)跨越文化的艺术传播者。

在杭州师范大学玉皇山校区,维克多有时会在午间组织师生在校园里进行乐器演奏,常常能吸引很多人驻足。"艺术应该融入我们的生活,每天陪伴着我们。它应该就是一种生活方式,和呼吸一样自然。"维克多说,感受音乐不一定需要去聆听一场盛大的音乐会,其实在每天的日常生活中就可以。

"外教的作用不应该仅仅只是完成教学任务,更应该成为一个跨文化思想理念的传播者与引领者。"维克多告诉记者,不同国度的文化土壤、教学环境存在着固有的不同,不可能采用同样的教学模式。维克多觉得,自己长期在中国生活,因而能够理解中西方存在的差异,一直试图将西方艺术理念以中国化的思维来表达。

维克多特别向记者提到了中国音乐家谭盾。在维克多看来,西方也渴望了解中国的文化艺术,但是往往缺少好的传递者,谭盾恰恰能够用西方能够理解的方式表达中国。

"艺术是无国界的,因为艺术的本质就是对人类感觉的反映,可以让不同国家的人心灵相互接近。"维克多希望,自己也能够以中国人容易接受的方式介绍西方的音乐,不仅让更多的中国公众感受其中的魅力,也让艺术成为联系中外的纽带。[①]

（三）因美食结缘的跨国情缘

海宁海洲大饭店的海潮厅举行过一场浪漫而温馨的婚礼。新娘名叫尤利娅,是一位来自乌克兰的漂亮姑娘。新郎名叫许一超,海宁人,是一位擅长做西餐的大厨。好像不会有交集的两个人,怎么会在一起呢? 语言不是障碍吗?

尤利娅之前是在山东大学攻读汉语言文学专业,毕业后凭借一口流利的汉语,在上海从事外贸工作。许一超凭借自己的一手厨艺,当时在上海的一家西餐厅工作。在一次朋友聚会上,中国小伙第一次见到这位乌克兰姑娘。小伙子惊艳于姑娘的美貌,更是佩服她能讲一口流利的汉语。两个人聊天后,发现都对美食充满了热爱,不知不觉间关系近了许多。有着共同兴趣的两个人在接触了解中慢慢地产生了好感,之后,两个人顺利地走入了婚姻的殿堂。婚后,两个人依旧甜蜜,平时在家里会经常一起下厨研究美食,生活就这样平淡而幸福地走了下去。

在浙江还生活着很多乌克兰人,他们把这里当作自己的第二故乡,爱这里的美食,爱这里的一草一木,无形中传递着中乌

---

① 吴振宇:《乌克兰音乐教师维克多:让高雅艺术走进更多杭州人》,《浙江在线》2016 年 8 月 26 日。

两国的文化、习俗。

　　乌克兰积极参与并支持中国提出的共建"一带一路"倡议，而浙江省一直以来都以投身共建"一带一路"为使命和机遇。自共建"一带一路"提出后，浙江省构建全面开放的新格局，确立打造"一带一路"重要枢纽的目标定位，完成了推进共建"一带一路"的总体布局，如今已取得了明显的成效。接下来浙江省会进一步完善细化"一带一路"建设的关键问题，使浙江省的平台项目建设更加精益求精，进一步开拓乌克兰市场，精心组织安排人文交流，全心全意地为祖国共建"一带一路"添砖加瓦。

参考文献

一、中文文献

[1] 赵云中.乌克兰:沉重的历史脚步[M].上海:华东师范大学出版社,2005.

[2] 库比塞克.乌克兰史[M].颜震,译.北京:中国大百科全书出版社,2009.

[3] 马贵友.列国志:乌克兰[M].北京:社会科学文献出版社,2010.

[4] 顾志红.非常邻国:乌克兰和俄罗斯[M].北京:国防大学出版社,2000.

[5] 陈之骅.苏联史纲[M].北京:人民出版社,1991.

[6] 丁祖永,等.苏联百科词典[M].北京:中国大百科全书出版社,1986.

[7] 王庆平.俄罗斯与乌克兰关系研究[M].哈尔滨:黑龙江大学出版社,2013.

[8] 王承宗.乌克兰史:西方的梁山泊[M].台北:三民书局,2006.

[9] 王钺.往年纪事译注[M].兰州:甘肃民族出版社,1994.

[10] 李静杰.十年巨变:新东欧卷[M].北京:中共党史出版社,2004.

二、俄文文献

[1] Бердяев Н. Судьба России [M]. Моксва:ЭКСМО, 2007.

[2] Борисснок Е. Ю. Русские об Украине и Украинцах [M]. Санкт—Петербург: Алетейя, 2012.

[3] Бычко И. Украинская ментальность и проблема гуманитаризации национальной высшей школы [M]. Киев: Развитие государства, 1993.

[4] Ващак М. Особенности украинского менталитета [J]. Украиноведение, 2008.

[5] Ефименко А. Я. История украинского народа [M]. Киев: Лыбидь, 1990.

[6] Костомаров Н. И. Мазепа [M]. Москва: Республика, 1992.

[7] Костомаров М. Две русские народности [J]. Майдан, 1991.

[8] Левадовский В. Украина в геополитических концепцыях первой третины XX века [J]. Политическая мысль, 1994.

[9] Подгорный Н. Советская Украина в братской семье народов СССР [J]. Свободная мысль, 2014.

[10] Онацкий Е. Украинская эмоциональность [J]. Украинская душа, 1992.

[11] Шин Н. А. Интеллигенция на Украине(XIX в.) [M]. Киев: Наука думка, 1991.

[12] Табачник Д. Украина: политика упущенных возможностей [N] Ежедневник, 2008-10-23(42).